Découvrir

Laurence Daniélou · Éric Salmon

L'énnéagramme

InterEditions

ISBN : 978-2-7296-1128-6

Table des matières

PARTIE 3

Champs d'application de l'ennéagramme

Conclusion

Annexes

Avant-propos

Remarques

L'ennéagramme n'utilise que des noms communs, faciles d'accès. Certains termes utilisés plus fréquemment en psychologie que dans le langage courant sont cependant éclaircis ci-dessous.
Dans l'ennéagramme, il est question de neuf différents archétypes. Nous avons fait le choix d'utiliser différentes appellations pour nommer ces neuf repères. Ainsi, les termes ***base, type et profil*** expriment ici la même chose. Nous avons également employé les chiffres de 1 à 9 et les mots Un, Deux, Trois…

Mots clés

- **Blessure :** moment crucial de la petite enfance où la personnalité se cristallise sur un mécanisme de défense particulièrement adapté au ressenti de l'enfant.
- **Dynamique de l'aile :** ligne de force secondaire, voisine du profil principal.
- **Dynamique des flèches :** comportement différent du profil principal, le plus souvent activé dans les situations de stress ou de sécurité.
- **Essence :** état d'être, au-delà de la réactivité automatique du type.
- **Fixation :** focalisation du mental sur ce qu'il veut voir.
- **Mode d'attention :** localisation de l'attention, différente selon les neuf types.
- **Passion :** désir violent, penchant irrésistible qui tend à devenir le centre exclusif de la vie psychique.

- **Personnalité :** ensemble des comportements dont l'unité et la permanence constituent l'individualité, la singularité de chacun.
- **Sous-type :** subdivision de chaque profil en trois formes (survie, tête-à-tête, social).
- **Vertu :** dépassement des automatismes émotionnels pour agir de la façon la plus juste dans la situation donnée.

Introduction

À l'école, on nous apprend les lettres, les chiffres, les couleurs. Les sciences naturelles, l'histoire et la géographie. Entre autres. Mais rien sur *comment ça fonctionne à l'intérieur de moi.* Rien sur *pourquoi je me mets en colère, pourquoi la tristesse me tombe dessus, pourquoi je préfère mon frère à ma sœur, pourquoi j'ai du mal à dire certaines choses, pourquoi certaines situations me font peur…* Et bien, croyez-nous, ce n'est pas si compliqué d'expliquer comment fonctionnent nos émotions, nos pensées et nos instincts. C'est même assez simple. À condition d'avoir des *repères.*

> Avant d'apprendre à différencier les couleurs, vous les voyez mais vous ne pouvez pas les nommer. Donc, vous ne pouvez pas en parler. Vous ne pouvez pas dire : « Woah, regarde la couleur de cette pomme, un mélange de rouge et de vert incroyable. Trop génial ! » Votre ami ne peut essayer de vous comprendre que s'il partage la même connaissance que vous avez des couleurs. Avec des mots pour les différencier.
>
> Même chose avec la musique. Comment évoquer un air de musique qui vous a touché, sans pouvoir nommer sa catégorie : « Un air de musique classique, vivant, léger, genre Vivaldi. » ? Avec des catégories, on peut préciser ce que l'on cherche à dire.

L'ennéagramme, aussi, propose des catégories. C'est un outil qui propose des repères sur la nature humaine, sur *comment ça fonctionne à l'intérieur de moi.* Et qui permet donc de mieux se connaître et comprendre ses proches. Alors, on peut déceler quand une émotion monte et la raison pour laquelle elle arrive.

On peut acquérir des clés pour améliorer sa vie de couple, l'éducation des enfants ou encore sa vie professionnelle.
Qu'est-ce que cela change dans nos vies ? Tout et rien.
Quel est l'intérêt d'acquérir des repères pour pouvoir répondre à la question : « Qui suis-je ? » ?
À vous de voir…

Le mot **ennéagramme** vient du grec ***ennea***, neuf et ***gramma***, figure ou dessin. L'ennéagramme est donc, au sens littéral, une figure en base neuf, comme on dirait pentagramme pour une figure en base cinq ou hexagramme pour une figure en base six.

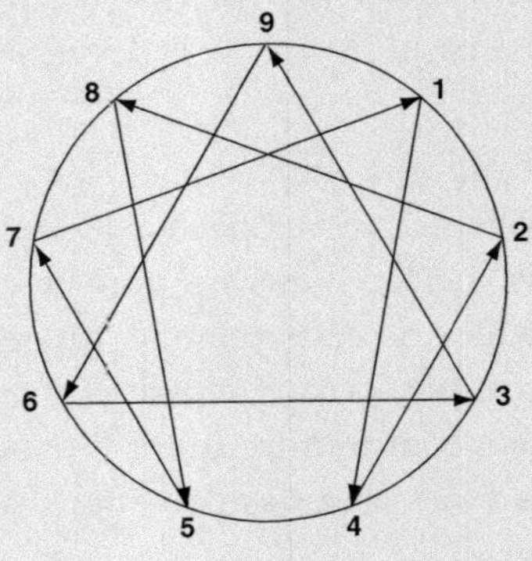

Ce livre propose de vous faire découvrir l'ennéagramme :
- un outil clair, pratique, accessible à tous;
- un outil qui donne des repères sur la personnalité;
- un outil pour mieux se connaître et comprendre les autres.

Partie I

Aux sources de l'ennéagramme

Histoire et origine de l'ennéagramme

Vous trouverez dans ce chapitre les réponses aux questions suivantes :

- Y a-t-il eu d'autres grilles de lecture de la personnalité ?
- Comment l'ennéagramme est-il né ?
- Qui en ont été les fondateurs ?
- Quels sont ses objectifs ?
- Quels sont les avantages et inconvénients de l'ennéagramme ?

Autres temps, autres grilles

Hippocrate

Célèbre médecin grec vivant au IVe siècle avant Jésus-Christ, Hippocrate avait créé sa propre grille de personnalité.

Tout simplement parce que cela l'aidait dans son travail, il avait répertorié la nature humaine en quatre catégories : le bilieux, le colérique, le lymphatique, le nerveux.

Il avait trouvé une relation entre le *caractère* d'une personne, sa façon principale de se relier au monde, et les maladies qu'elle risquait de développer. Pour lui, il n'y avait aucun mal à proposer des repères sur la personnalité, tant que l'on respectait son interlocuteur.

André Le Senne

André Le Senne (1882-1954) est un philosophe français. Métaphysicien et psychologue, il appartient au courant spiritualiste. Il est resté célèbre pour son traité de caractérologie.

Il définit le caractère comme « l'ensemble des dispositions qui forme le squelette mental de l'homme ».

Il définit huit modèles principaux : le nerveux, le sentimental, le colérique, le passionné, le sanguin, le flegmatique, l'amorphe, l'apathique.

Lui aussi insiste sur le fait que la caractère n'empêche pas chaque être humain d'avoir son libre arbitre et d'être capable, à chaque instant, de choisir comment agir sur le monde extérieur.

La typologie de Le Senne sert de base à la graphologie.

Origines de l'ennéagramme

Comme les deux typologies d'Hippocrate et de Le Senne, l'ennéagramme est un modèle qui propose des repères sur la nature humaine.

La figure de l'ennéagramme sert de support à l'étude de neuf profils de personnalité.

Aujourd'hui, le mot ennéagramme évoque plutôt cette grille de lecture plutôt que le diagramme lui-même.

L'ennéagramme : combinaison d'une figure et d'une typologie

Le dessin lui-même est très ancien. Il remonte au moins à l'Antiquité grecque.

L'ennéagramme a beaucoup voyagé en Occident jusqu'au milieu du XXe siècle. La typologie des neuf profils de personnalité est en relation avec les passions des Pères du désert, moines chrétiens du IVe siècle après Jésus-Christ.

Au nombre de neuf, ces passions sont les ancêtres des péchés capitaux : la colère, l'orgueil, la vanité, l'envie, l'avarice, le doute, la gourmandise, la luxure, la paresse.

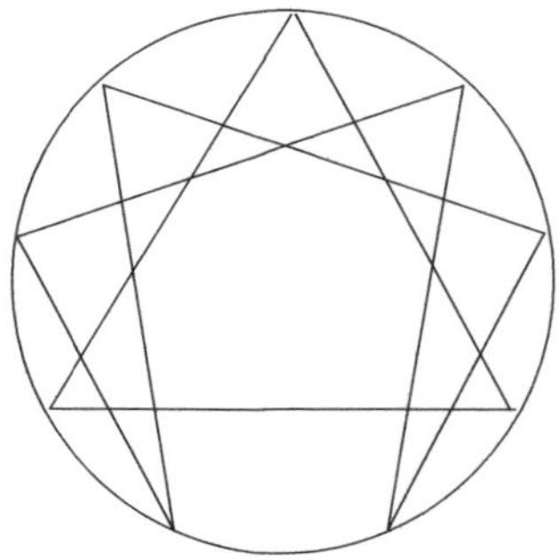

Figure 1.1 ■ L'ennéagramme

Claudio Naranjo

Claudio Naranjo est un médecin-psychiatre chilien né en 1932. Il a publié de nombreux ouvrages sur l'usage des plantes médicinales en psychiatrie, ainsi que sur la psychologie et la méditation. Il a aussi écrit sur la psychologie de la méditation (*The Psychology of Meditation*).

Il est honorablement connu à l'étranger et a même été invité par la prestigieuse université d'Harvard, dans les années 1980, à profiter des infrastructures pour y poursuivre ses recherches pendant plusieurs mois.

En 1970, Naranjo cherche une grille de lecture qui pourrait aider les thérapeutes à mieux déceler la problématique principale d'un patient.

Il estime que la précédente grille, le Manuel Statistique et Diagnostique des Troubles Mentaux, n'est adaptée qu'aux cas les plus extrêmes alors que les patients qui viennent en psychothérapie sont de plus en plus des « gens normaux ».

Naranjo va choisir la grille de l'ennéagramme, convaincu qu'il existe une relation entre les passions des Pères du désert et les pathologies de la psychologie contemporaine. Avec une équipe d'une trentaine de chercheurs, il va rechercher des points communs. Ses travaux aboutissent en 1972.

La tradition orale

Jusque-là, il n'est encore question que d'un outil destiné aux thérapeutes. Mais la définition des *types* ou *profils* est si claire que son utilisation pour aider chacun à mieux se connaître devient évidente.

L'équipe qui a aidé Naranjo à rendre l'ennéagramme accessible à tous était composée de nombreux professionnels dont des philosophes, des psychologues et des religieux. Beaucoup vont se mettre à animer des formations « selon la tradition orale », c'est-à-dire sous forme de stages où les témoignages de chacun servent d'illustration aux neuf types.

L'intérêt est double. D'un côté, la grille s'applique à des exemples de la vie quotidienne des participants, et de l'autre, la tradition orale évite de présenter par écrit une définition des neuf types, qui serait forcément réductrice.

Dans ce contexte, la première vocation de l'outil est mise en valeur : *acquérir des clés pour mieux se connaître.*

Helen Palmer et David Daniels

Parmi ces équipiers, Helen Palmer va créer une formation de formateurs afin de perpétuer ce mode d'enseignement : le Programme de Formation Professionnelle à l'Ennéagramme. Pour asseoir la légitimité de cet outil, elle va s'associer à David Daniels.

Ce dernier est médecin-psychiatre et professeur dans le département Sciences Comportementales de l'Université de Stanford.

Sa réputation de professionnel dans le monde de la psychologie va considérablement aider au développement de l'ennéagramme.

Les livres

En 1984, des étudiants de la troisième génération, sans aucun contact direct avec Naranjo, vont décider d'écrire un livre.

Comme le diagramme est ancien et qu'aucun copyright n'est possible, chacun est libre, depuis ce jour, d'interpréter le diagramme comme bon lui semble et d'écrire ce qu'il veut.

Heureusement, les pionniers de l'ennéagramme, ayant compris que la diffusion écrite est devenue inévitable, vont se mettre également à rédiger des livres : Helen Palmer, Richard Rohr, Sandra Maitri.

En France, l'ennéagramme est apparu au milieu des années 1990 et, depuis ce jour, pas loin de quarante ouvrages sont sortis sur le sujet.

Avantages et inconvénients de l'ennéagramme

Avantages

Le principal avantage de l'ennéagramme est qu'il est facile d'utilisation. L'ennéagramme donne des repères simples, accessibles à tous. Avec une formation minimum, chacun peut s'en servir dans sa vie quotidienne.

Il est puissant parce qu'il aide chacun à mieux comprendre son fonctionnement et ses réactions face au monde extérieur.

Dans ce modèle de neuf types de personnalité, le diagramme fournit un support pour concentrer et approfondir de nombreuses connaissances sur la nature humaine. L'ennéagramme décrit neuf façons fondamentalement différentes de penser, de ressentir et d'agir, neuf manières de vivre, de travailler et de communiquer.

Il est particulièrement intéressant car il donne des éléments sur la dynamique relationnelle de chaque profil.
C'est un outil simple, riche et vivant pour appréhender la personnalité.

Inconvénients

Le principal défaut de l'ennéagramme est qu'il est facile d'utilisation, même lors d'une première approche. Les informations qu'il donne sont puissantes. Aussi, hors du contexte de la tradition orale, il devient possible de s'en servir pour étiqueter l'autre au lieu de se remettre en question.
Les premiers formateurs avaient tous une longue expérience de l'âme humaine : années de travail sur soi, formations universitaires en psychologie, études philosophiques ou religieuses... De plus, ils avaient une vision humaniste et présentaient évidemment les profils de l'ennéagramme en insistant sur le libre arbitre : « Le fait d'avoir une dominante ne nous empêche pas de rester libre de nos choix. »
Il serait donc souhaitable qu'une certaine éthique règne dans la présentation des profils et la transmission de cet outil, ce qui n'est pas toujours le cas en France aujourd'hui. La plupart de ceux qui présentent l'ennéagramme oublient sa vocation première : mieux se connaître et rentrer dans une dynamique d'évolution. Certains se contentent de présenter l'outil pour typer les autres en oubliant de proposer à chacun de reconnaître son travers principal.
Aussi, quand vous rencontrez quelqu'un s'intéressant à l'ennéagramme, restez vigilants. Le fait de connaître l'outil n'est pas forcément synonyme d'ouverture d'esprit et de respect de la personne, malheureusement.

Synthèse

L'ennéagramme, c'est :
– un diagramme, une figure;
– une typologie du comportement basée sur neuf profils;
– une grille de lecture de la personnalité.

Origines de l'ennéagramme :
– anciennes, incertaines;
– renaissance dans les années 1970.

Objectifs de l'ennéagramme :
– mieux se connaître;
– mieux comprendre les autres;
– acquérir des clés pour mieux gérer son développement personnel.

Ses particularités sont d'être un modèle à la fois :
– simple et accessible à tous;
– puissant parce qu'il concentre de nombreuses vérités sur la nature humaine;
– dynamique parce qu'il prend en compte différentes facettes de la personne.

Principes et fondements théoriques

Vous trouverez dans ce chapitre les réponses aux questions suivantes :
- Comment ça marche ?
- Comment se forme la personnalité ?
- Quelles sont les neuf passions et les neuf vertus ?
- Que sont l'Essence et la Personnalité ?
- Que sont les sous-types ?

Nous avons tous plusieurs facettes

L'ennéagramme part du principe que nous sommes constitués de multiples facettes. Par exemple, si le chien de la voisine a disparu, plusieurs parties de moi vont être concernées :

- mon côté « perfectionniste » aura envie de jouer les Sherlock Holmes et d'aller chez elle relever les petits détails pouvant expliquer cette disparition;
- mon côté « altruiste » aura envie de consoler la voisine;
- mon côté « battant » voudra appeler la SPA, les pompiers, la police et tous les vétérinaires de la région pour retrouver le chien;

- mon côté « romantique » sera triste de voir interrompue cette belle relation entre la voisine et son animal de compagnie;
- mon côté « observateur » observera les allées et venues autour de la maison et recueillera le maximum d'informations;
- mon côté « sceptique » se demandera à qui profite le crime et s'il ne va pas y avoir demande de rançon;
- mon côté « épicurien » pensera que le chien doit bien rigoler dans sa liberté retrouvée;
- mon côté « protecteur » invitera la voisine à s'appuyer sur moi pendant cette période difficile;
- mon côté « médiateur » l'écoutera raconter sa vie pendant des jours jusqu'à ce que sa douleur retombe.

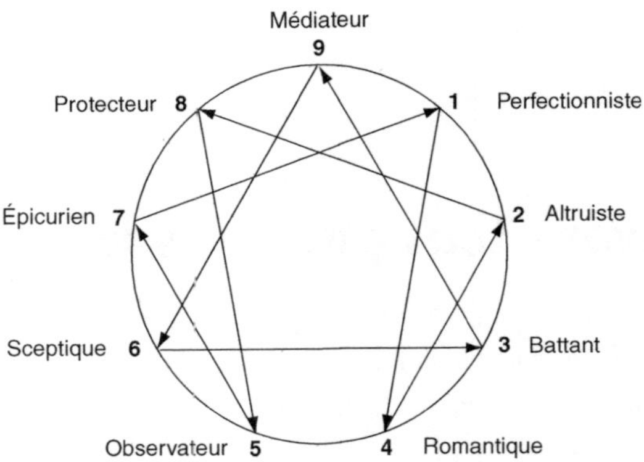

Figure 2.1 ■ Les différentes parties de moi

Même si ce premier exemple est simpliste, il illustre la première idée de l'ennéagramme : *nous pouvons réagir de neuf manières différentes dans une situation particulière.*

Nous avons tous un comportement privilégié

La deuxième idée est que nous avons tous un comportement privilégié, comportement que nous utilisons plus souvent que les autres, inconsciemment. Ce concept provient d'une théorie de la petite enfance[1], selon laquelle l'enfant vit à un moment donné une **blessure principale.**

C'est un moment où l'enfant n'en pourra plus d'être trop exposé sans défense. Il va alors se protéger en choisissant le comportement le plus pertinent selon lui. Plus tard, à force de s'être protégé de cette manière, l'enfant va développer certaines compétences liées à ce comportement privilégié.

Nous pouvons distinguer quatre étapes dans cette évolution :

- la *blessure* dont souffre l'enfant va engendrer…
- le *moyen de défense* privilégié pour éviter de souffrir, qui va développer…
- un *comportement préféré* qui va produire…
- les *qualités naturelles* liées à ce comportement.

Chacun des neuf profils aura ainsi une structure cohérente reliant les quatre étapes :

- un enfant de **profil Un** va avoir comme schéma :
  - blessure principale : sentiment d'être trop puni chaque fois qu'il s'exprime librement;
  - moyen de défense : faire attention à être sage;

1. Voir notamment *Le Cri Primal* du Dr Janov.

- comportement préféré : être discipliné, rigoureux, consciencieux;
- qualités naturelles : l'intégrité, la qualité, le souci du détail.

- **Profil Deux :**
  - blessure principale : sentiment de ne pas être apprécié pour lui-même;
  - moyen de défense : se rendre indispensable aux autres;
  - comportement préféré : deviner les besoins des autres et y subvenir;
  - qualités naturelles : l'amabilité, la serviabilité.
- **Profil Trois :**
  - blessure principale : sentiment de ne pas être apprécié sans raison;
  - moyen de défense : agir, produire quelque chose de visible;
  - comportement préféré : réussir, gagner;
  - qualités naturelles : être efficace, savoir se débrouiller.
- **Profil Quatre :**
  - blessure principale : sentiment d'avoir été abandonné;
  - moyen de défense : combler la sensation de manque;
  - comportement préféré : être original, authentique, passionné;
  - qualités naturelles : la créativité, la profondeur.
- **Profil Cinq :**
  - blessure principale : sensation d'avoir été envahi dans son intimité;
  - moyen de défense : mettre en place un périmètre de sécurité;

– comportement préféré : maîtriser l'information, comprendre;
– qualités naturelles : l'analyse et la synthèse.

- **Profil Six :**

– blessure principale : sentiment d'avoir été trahi;
– moyen de défense : être vigilant;
– comportement préféré : être prudent, clarifier les situations;
– qualités naturelles : la loyauté, l'anticipation.

- **Profil Sept :**

– blessure principale : sentiment d'avoir été emprisonné;
– moyen de défense : fuir la souffrance, multiplier les options;
– comportement préféré : profiter de la vie, rester en mouvement;
– qualités naturelles : la joie, la vivacité d'esprit.

- **Profil Huit :**

– blessure principale : sentiment d'avoir été injustement traité;
– moyen de défense : devenir fort;
– comportement préféré : prendre sa place, restaurer l'équité;
– qualités naturelles : la combativité, la générosité.

- **Profil Neuf :**

– blessure principale : sentiment d'avoir été oublié;
– moyen de défense : éviter les conflits;
– comportement préféré : vivre à son rythme, prendre le temps de se positionner;
– qualités naturelles : la tempérance, l'écoute.

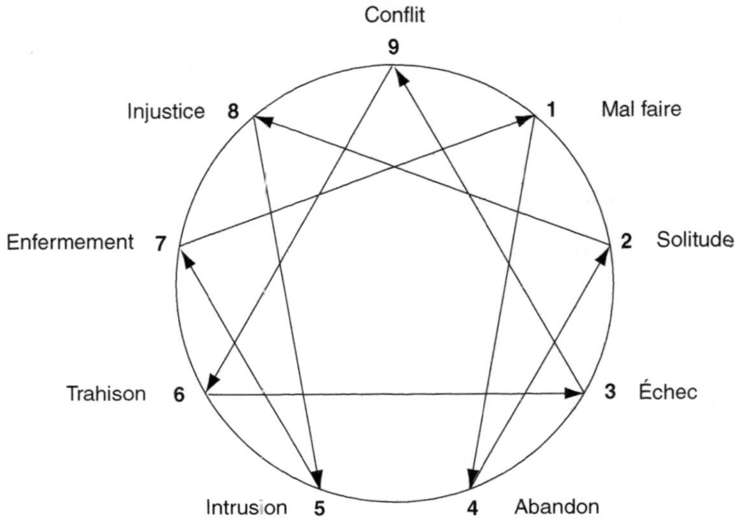

Figure 2.2 ■ Neuf blessures

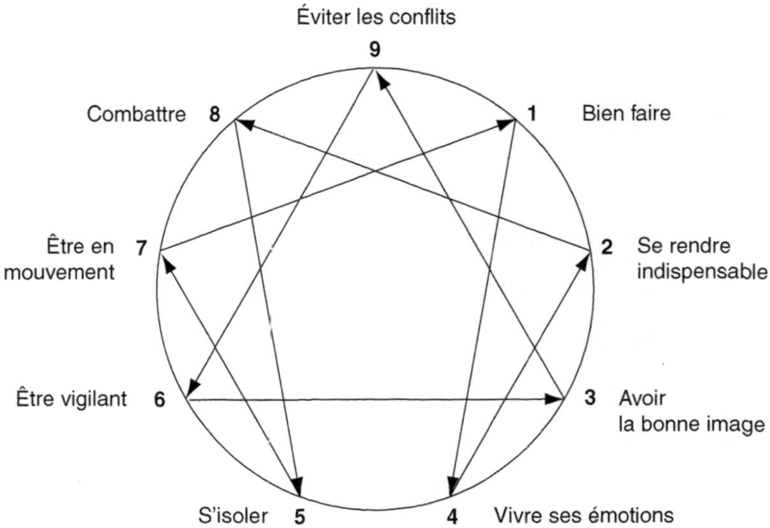

Figure 2.3 ■ Neuf moyens de défense

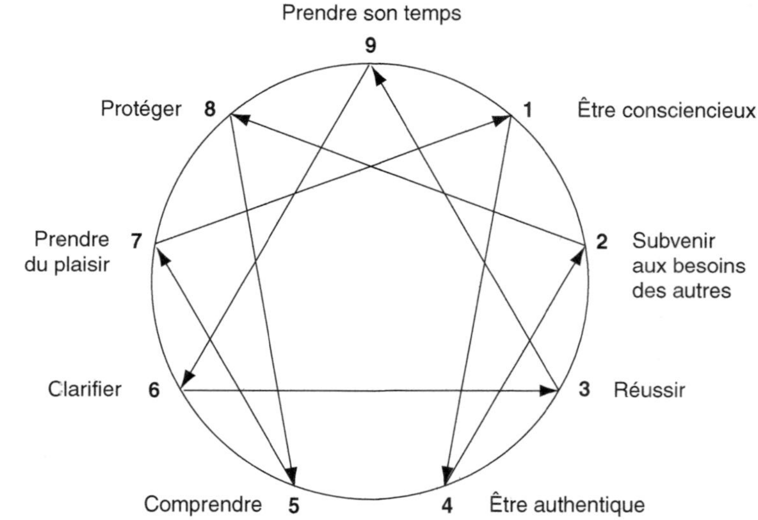

Figure 2.4 ■ Neuf comportements préférés

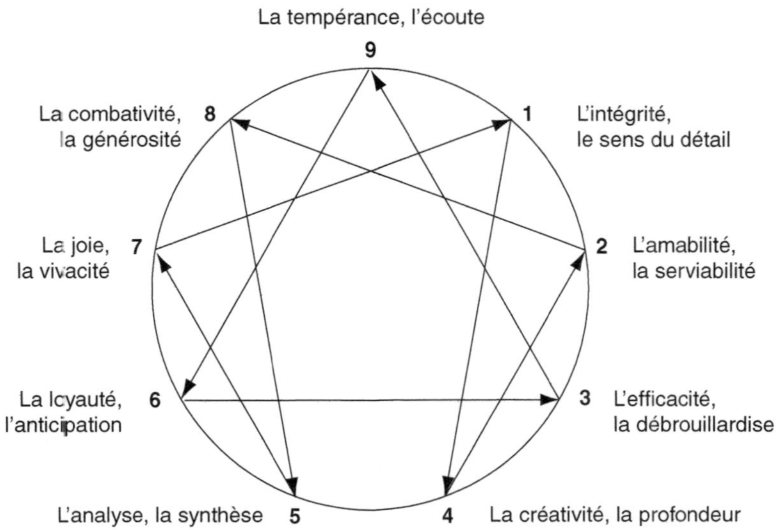

Figure 2.5 ■ Neuf qualités naturelles

Notre don est aussi notre piège

Chacun de nous va ainsi avoir un comportement préféré, et exceller dans ce mode de fonctionnement.

> Le profil Un va ainsi être le meilleur de tous dans ses qualités : respecter les règles, bien faire son travail, être discipliné, persévérant, consciencieux.
> Comme il va être reconnu pour ces qualités, il va tendre à les développer. Et ainsi de suite…
> S'il reçoit d'autant plus de considération qu'il est consciencieux, il va tendre à vouloir le devenir de plus en plus. Et oublier que, dans certaines situations, il pourrait peut-être se montrer moins consciencieux et plus souple.

Dans la majorité des cas, nous avons peur d'essayer d'autres moyens que notre comportement habituel. Si l'on en changeait, on pourrait perdre l'estime des autres.

> Dans l'exemple du Un, il va tendre à devenir de plus en plus consciencieux, être aimé pour ça et devenir fier de l'être.

Neuf passions

Dans l'ennéagramme, devenir fier de sa dominante s'appelle être dans la *passion* de son type.
Nous verrons, dans le chapitre sur les neuf profils, que le concept de ces passions est souvent différent du sens que l'on donne généralement à ce mot dans le français courant.

> À force de tendre vers l'excellence, le Un peut finir par devenir cassant ou « en colère contre » tout ce qui n'est pas parfait. Cette colère intérieure va devenir son moteur pour toujours mieux faire, mais cette passion de la colère peut devenir insupportable à vivre, tant pour lui-même que pour les autres.

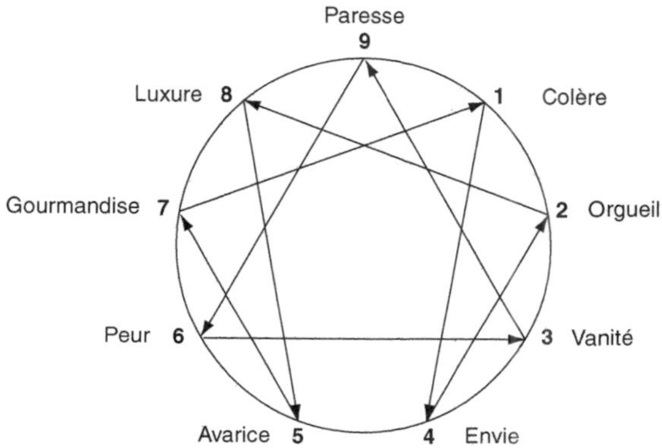

Figure 2.6 ■ Neuf passions

Neuf vertus

Dans l'ennéagramme, on nomme *vertu* du type le rééquilibrage de la facette préférée au profit des huit autres comportements. Ce que chacun donne à son plus beau, dans ses qualités essentielles, quand il peut s'ajuster à une situation sans vouloir à tout prix imposer son point de vue.

> Si notre représentant du profil Un découvre son comportement préféré et nomme cette passion, il va pouvoir mettre davantage de conscience sur son schéma répétitif :
> – blessure principale : trop puni chaque fois qu'il s'exprime librement;
> – moyen de défense : faire attention à être sage;
> – comportement préféré : être discipliné, rigoureux, consciencieux;
> – qualités naturelles : l'intégrité, la qualité, le souci du détail.
> Dès lors, il va pouvoir essayer d'être moins focalisé sur sa facette préférée et avoir envie de revaloriser les huit autres facettes qui sommeillent en lui. Être moins réactif de son point de vue et plus ouvert aux autres comportements. Alors, il se rééquilibrera naturellement, devenant moins rigide, plus souple, plus ouvert.

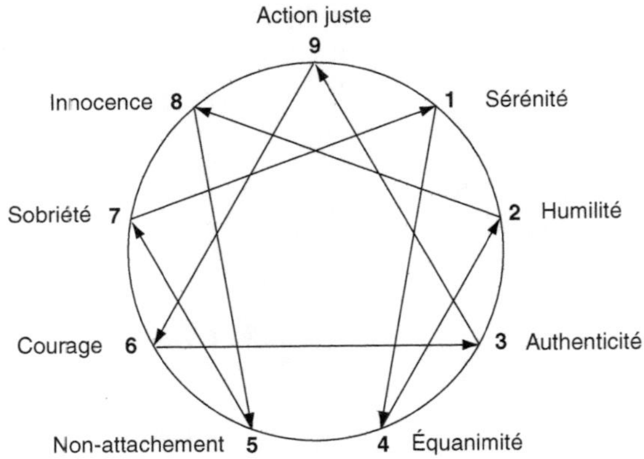

Figure 2.7 ■ Neuf vertus

Intérêts de l'ennéagramme

– Prendre conscience de son comportement préféré.
– Constater combien il est parfois excessif.
– Accepter de s'ouvrir à d'autres facettes de soi-même.
– Devenir mieux équilibré.

La dynamique des ailes

Considéré sous un autre angle, le cercle de l'ennéagramme peut être vu comme symbolisant le lien entre tous les hommes et les femmes de la terre. Tous ont une place autour du cercle, en fonction de leur dominante.

Ainsi, toutes les personnes à dominante Deux se retrouveront autour du point Deux. Ces personnes sont uniques. Chacune a son histoire. Et pourtant, elles ont en commun un mode de fonctionnement. Elles partagent aussi la même façon de penser, de ressentir et d'agir sur le monde extérieur.

Il y a ainsi environ 700 millions de personnes sur chaque type, autant d'hommes que de femmes. Certains se retrouvent « tout à fait » dans la description d'un profil, d'autres se retrouvent sur deux bases adjacentes. Celles-ci sont appelées « base X avec aile Y ».

Sur les descriptions des différents types de base, Paul s'est retrouvé à la fois, sur le type 7 et sur le type 8. Paul a donc probablement :

– soit une base 7 influencée par son aile 8;

– soit une base 8, influencée par son aile 7.

Dans l'ennéagramme, la position de Paul est appelée base 8 avec une aile 7. Comme s'il y avait une ligne de force principale et une ligne de force secondaire.

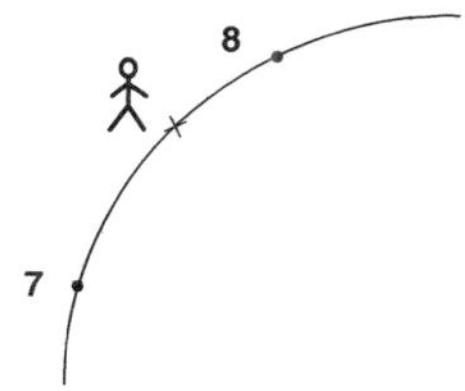

Figure 2.8 ■ L'influence d'une aile sur un type

Une personnalité 8 est quelqu'un de décidé qui sait ce qu'il veut, dit ce qu'il pense et agit le plus souvent avec force. Ces personnes peuvent manquer de nuances. L'aile 7 va amener un peu de légèreté : le besoin de prendre le temps de discuter, voire prendre du plaisir à négocier. Le tempérament 8 sera ainsi adouci par cette ligne de force secondaire.

La dynamique des flèches

Les flèches indiquent les autres « petits moi » que nous incarnons le plus souvent.

L'ennéagramme définit deux situations où nous délaissons notre mode de fonctionnement préféré :

– les situations de stress;

– les situations de sécurité.

Situation de sécurité

Quand nous sommes au calme, chez nous, nous tendons à nous détendre et à nous comporter de façon différente qu'à l'accoutumée. Cela arrive encore plus souvent après trois semaines de vacances. Nous sommes toujours la même personne, mais nous ne sommes plus affectés par les mêmes problèmes.

Nous réagissons différemment à ce qui se passe autour de nous. Nous ne pensons plus exactement selon le même schéma.
Nous avons translaté sur notre facette de sécurité, celle d'où vient la flèche qui pointe vers notre type.

> Pour la base Quatre, la facette de sécurité serait la base Un, ce qui signifie que type 4, en situation de sécurité, passe en 1.
>
> Une personnalité Quatre est une personne centrée sur l'intensité des émotions, sur l'authenticité de la relation, sur la créativité. Souvent, elle laisse les émotions prendre le devant de la scène. Prenons l'exemple d'un masseur-kinésithérapeute. La plupart du temps, il va avoir envie de créer un lien spécial avec le client, une relation forte et il va se donner beaucoup de mal pour ça. Un jour où il rentre de vacances, son chef lui annonce une augmentation. Il se sent alors sécurisé et détendu. L'ennéagramme prétend, que dans une telle situation, il « passe en 1 », c'est-à-dire qu'il va être moins exalté dans la relation, plus sobre et plus centré sur le geste technique de son métier.
>
> 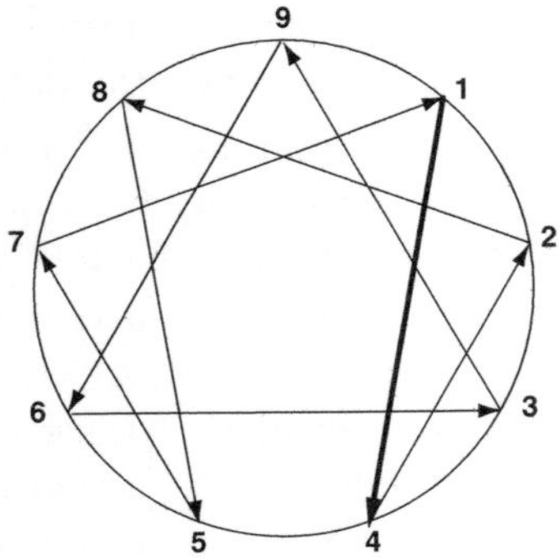
>
>
> **Figure 2.9 ■ Le profil 4 va vers le point 1, en situation de sécurité**

Situation de stress

De même, en situation de stress, par exemple durant la semaine précédant un examen, nous allons, consciemment et/ou inconsciemment, modifier nos habitudes pour faire face à cet événement. Notre facette de stress est celle où va la flèche qui part de notre type.

Le type 7, en situation de stress, passe en 1.

Une personnalité Sept est une personne centrée sur le plaisir, la diversité et la liberté. Prenons l'exemple d'un lycéen qui passe son baccalauréat. Trois semaines avant, il se réveille et constate que le temps presse. Inconsciemment, il va arrêter de faire la fête et de se disperser. Au contraire, son « passage en 1 » va lui faire écrire des fiches, très précises avec un emploi du temps rigoureux, qu'il va respecter scrupuleusement. Pendant cette période, il aura beaucoup plus l'apparence d'un « Un », travailleur et consciencieux, que celle de sa base Sept habituelle. Une fois l'épreuve passée, il reviendra automatiquement à sa facette dominante Sept.

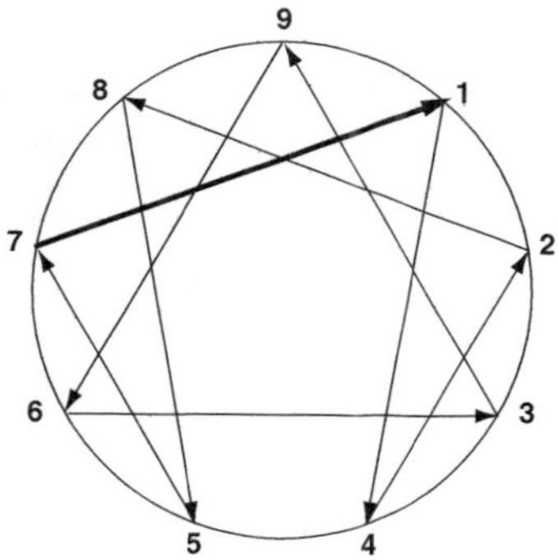

Figure 2.10 ■ Le profil 7 va vers le point 1, en situation de stress

Chaque type a ainsi deux comportements secondaires qu'il incarne en fonction des circonstances. La théorie veut néanmoins que ces translations soient éphémères et que, plus ou moins rapidement, nous revenions à notre comportement préféré.

Synthèse

Chacun de nous a donc :
- un comportement dominant;
- un comportement plutôt adapté aux situations de sécurité;
- un comportement plutôt adapté aux situations de stress.

Personnalité et Essence

L'ennéagramme considère que l'essence, le Soi de Carl Jung, est un état d'être dans lequel nous sommes dans une « juste relation » avec l'environnement. Nous sommes nous-mêmes, librement. Enfants, avant que notre personnalité ne se forme, cet état était le nôtre. Puis, pour nous protéger, nous avons dû abandonner ce lien direct avec l'environnement, ce mode de relation naturel, pour ne plus nous comporter que défensivement. Dès lors, le comportement devient contrôlé, le « je », l'*ego*, se met à enfler et l'enfant s'éloigne de plus en plus de l'essence, de son Soi. Il va se mettre à agir avec le désir de souffrir le moins possible et de recevoir le maximum d'affection. Et, parmi les neuf schémas, il va trouver celui qui marche le mieux dans son environnement.
L'ennéagramme, en nommant notre dominante, nous permet de voir combien ce comportement principal est devenu automatique, au point d'occulter le reste de notre potentiel. Il ne faut pas en déduire que la personnalité est « toute mauvaise ». La personnalité nous a aidé à développer notre talent, notre trait de caractère principal. Mais un jour, à force d'avoir trop privilégié notre comportement dominant, nous nous sommes déséquilibrés par rapport à notre « essence ».
« Être dans l'essence », c'est réagir de la façon la plus « ajustée » possible dans une situation.

Sous-types

Les sous-types sont des subdivisions de chaque profil. Ils sont en relation avec la réactivité instinctive de chacune des neuf bases. Ils correspondent notamment à notre façon de gérer nos *situations de survie*, nos *relations en tête-à-tête* et notre *comportement social* au sein du groupe.
Sans que nous en ayons conscience, notre réactivité est plutôt orientée vers l'un de ces trois modes de comportement. L'étude

des sous-types permet également de clarifier certaines distinctions à l'intérieur du même profil.
Nous conseillons afin d'approfondir ce concept complexe des sous-types de lire l'ouvrage d'Éric Salmon, *Ennéagramme : les sous-types, la clé du système*, InterÉditions, 2007.

> **Les sous-types du Profil Un**
>
> Le type Un survie voudra que chaque chose soit bien à sa place et sera anxieux que les choses ne se passent pas comme il le veut. La colère s'exprime par l'anxiété.
>
> Le type Un tête-à-tête se comportera en conjoint exemplaire, se donnera du mal pour être à l'heure. Il sera jaloux des libertés que s'accordera le conjoint, notamment sur la ponctualité. La colère de la non-perfection se transforme en jalousie.
>
> Le Un social voudra que chacun respecte les règles du jeu. Si les enfants doivent se coucher à 21 heures et que cette règle a été décidée, les enfants se coucheront à l'heure dite. Il est relativement inadaptable aux exceptions. La colère s'exprime par de l'inadaptabilité aux changements ou aux autres points de vue.

Conseils pratiques : comment trouver sa dominante ?

Restez ouvert à l'idée d'avoir un trait de caractère dominant. Vous pouvez commencer par demander à votre ami(e) : « En quoi me trouves-tu excessif (excessive) ? »
Relisez les figures 2.2 à 2.5 et essayez d'éliminer les six profils qui ne vous correspondent pas. Prenez deux heures avec votre ami(e) pour discuter des trois options restantes. Écoutez son point de vue. Prenez le temps de digérer ce qu'il/elle pense de vous. Reprenez la conversation le lendemain.

Partie 2

Les profils de l'ennéagramme

Le perfectionniste

Le perfectionniste est une personne organisée, méthodique, très respectueuse des règles, des structures et de la hiérarchie.
Il a tendance à voir le monde de manière manichéenne (bien/mal). Il considère qu'il n'y a qu'une seule bonne façon de faire les choses. Il est idéaliste et aspire à des valeurs telles que l'éthique, la justice, la vérité. Il a une grande conscience de sa responsabilité dans le monde et se voudrait irréprochable. Aussi, a-t-il tendance à s'auto-évaluer et à juger les autres selon des critères de perfection élevés.
Pour le Un, la vie est sérieuse.

Construction psychologique du type 1

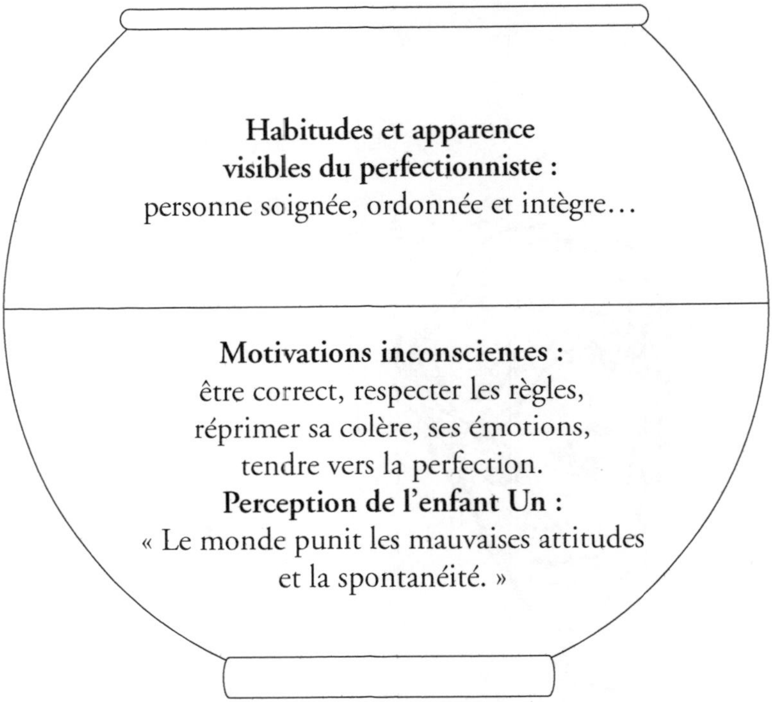

- **Il aime :**
  - l'ordre;
  - avoir raison;
  - « bien » faire son travail;
  - la précision;
  - s'améliorer;
  - l'intégrité;
  - la ponctualité.
- **Il n'aime pas :**
  - que l'on triche ou mente;
  - les organigrammes flous;

- être critiqué injustement;
- le laisser-aller;
- le manque d'hygiène.

- **Il entre en conflit si :**
  - vous plaisantez avec les horaires, la voie hiérarchique, son travail;
  - vous rigolez quand on le critique;
  - le désordre règne;
  - quelqu'un contourne les règles ou triche.
- **Il est satisfait de sa journée si :**
  - vous l'avez félicité de la qualité de son travail;
  - il a fait mieux que la dernière fois;
  - les règles qu'il avait mises au point fonctionnent.
- **Qualités essentielles :**
  - la notion d'effort;
  - l'envie de rendre le monde plus beau;
  - le désir d'améliorer les choses;
  - l'honnêteté;
  - la responsabilité;
  - le plaisir du travail accompli;
  - la satisfaction d'avoir sa conscience tranquille.
- **Mots importants :** ordre, règle, loi, exigence, consciencieux, bien fait, principe, amélioration, intégrité, il faut, on doit… sont présents dans le vocabulaire du Un.
- **Motivations principales :** le Un veut profondément être reconnu pour la qualité de ses actions. Il veut également avoir raison, changer les autres, le monde. Il veut être sans défaut, à l'abri de toute critique.
- **Vision du monde :** « Le monde est imparfait. » Le Un cherche à l'améliorer.

- **Peur :** le Un a peur de mal faire.
- **Placement de l'attention :** sur la tâche, l'imperfection, l'erreur, le bien, le mal.
- **Passion :** la colère. Le Un vit avec une forte colère intérieure non exprimée, liée à l'irritation envers ce monde « qui devrait être plus vertueux ».
- **Vertu :** la sérénité. La sérénité n'est pas la cessation de l'émotion, mais un état de conscience qui permet aux sensations de vivre, de s'épanouir dans le corps, d'être pleinement accueillies, vécues, sans jugement. Au lieu d'être perpétuellement dans la colère, le Un peut accepter les choses qui ne peuvent être changées, dépasser ses critères de perfection, accueillir le monde et soi-même comme imparfaits, surmonter sa peur de mal faire.
- **Compulsion :** il évite la colère et contrôle ses réactions.
- **Centre dominant :** le centre instinctif.
- **Blessure de l'enfance :** enfant, le Un aurait vivement ressenti la critique. Il en aurait tellement souffert, surtout lorsqu'il s'agissait de détails, qu'il se serait donné beaucoup de mal pour « se comporter correctement ». Il aurait donc appris à évaluer le bien et le mal et à corriger les erreurs avant que les adultes ne le réprimandent.

Ressources et pièges possibles

Ressources	Pièges possibles
Place haut la barre pour lui et les autres.	Peut devenir trop critique ou s'ériger en juge.
Valorise l'honnêteté et l'intégrité.	Peut avoir du mal à reconnaître ses erreurs.
Veut faire les choses parfaitement.	Trop de perfectionnisme nuit à la productivité.

Ressources	Pièges possibles
S'intègre facilement à la structure existante.	Peut être inflexible dans ses relations avec les autres ou dans l'emploi de nouvelles méthodes.
Les principes dictent son comportement.	Prisonnier des règles, il a parfois du mal à fournir une réponse plus personnelle.
A envie d'avoir raison.	Tend à voir le monde en noir et blanc, raison ou tort ou à se figer sur son propre point de vue.
Évite de se mettre ouvertement en colère.	Peut ne plus avoir conscience d'être fâché ou contrarié; peut être perpétuellement amer.

Au mieux	Au pire
Honnête, digne de confiance, organisé.	Critique, rigoriste, inflexible, obsessionnel.
Gros sens de l'effort, méthodique.	Perd tout sens de l'humour, jaloux.

Entretien avec un Perfectionniste

> **Guillaume, 57 ans, banquier**
>
> **Comment vous définiriez-vous ?**
> Comme une personne droite, intègre. Disons que j'essaye de vivre selon mes principes.
>
> **Quel regard posez-vous sur le monde ?**
> Je vois facilement ce qui ne va pas, le détail qui cloche et comment remédier à la situation.

Comment fonctionnez-vous au travail ?

Je suis plutôt perfectionniste. Je n'aime pas les choses à moitié faites, bâclées. Quand on me confie un travail, je le mène à terme convenablement, sérieusement. J'ai du mal avec les collègues irresponsables qui ne tiennent pas les délais, qui manquent de précision, de rigueur. Ce que je déteste, ce sont ceux qui louvoient et qui utilisent des procédés à la limite de l'honnêteté pour réussir dans leur carrière.

Et au niveau de votre vie affective ?

J'ai conscience que je ne suis pas très facile à vivre. Je suis critique et exigeant. Cela peut être au niveau de la propreté de la maison, du respect des horaires (j'ai horreur d'être en retard; c'est un manque de correction), de la conduite de vie en général. Mon entourage, qui voit les choses autrement, m'aide à prendre de la distance avec ma morale qui est peut-être trop élevée !

Et la colère dans votre vie ?

Je la sens toujours là en moi, en sourdine. Mais je l'exprime rarement. Je me dis que ça ne se fait pas.

9 recommandations aux personnes de type 1

– Veillez à ne pas transformer votre volonté de bien faire les choses en perfectionnisme et en objectifs inatteignables pour vous et les autres.

– Attention à votre sens critique : évitez qu'il soit intimidant ou irritant pour les autres et ne les empêche par moments de faire leur travail au mieux.

– Autorisez-vous quelques erreurs. Cela vous aidera à prendre plus de risques quand la situation ou la tâche exigera plus d'adaptation ou d'innovation.

– Votre attention a tendance à se fixer sur tout ce qui est incorrect. Pensez à noter tous les aspects positifs d'une situation, que ce soit chez vous ou au travail.

– Soyez tolérants : il y a souvent plus d'une bonne façon d'accomplir une action ou de faire un choix de vie. Si vous êtes capable de relâcher le contrôle ou les idées préconçues, vous verrez d'autres possibilités ou solutions émerger.
– Ne passez pas trop de temps à étudier les gens ou à essayer de les rendre différents alors que votre temps et votre énergie pourraient servir plus utilement à autre chose.
– Ne vous imaginez pas que tout le monde est aussi motivé intérieurement que vous pour faire les choses correctement et parfaitement ; autorisez différentes approches du travail. Beaucoup de gens ont besoin de conseils et d'avis extérieurs.
– Ne soyez pas trop dur : attention à ne pas prendre une attitude de reproche ou de réprimande. Souvenez-vous que les gens (vous inclus) ont besoin d'être appréciés, reconnus et clairement guidés pour s'épanouir dans leur travail ou leur vie personnelle.
– Évitez d'entretenir la colère intérieure qui monte quand vous travaillez dur pour mener les choses à bien et que les autres ne semblent pas concernés ou qu'ils ne fournissent pas un effort comparable au vôtre. Vous connaîtrez plus de sérénité lorsque vous ferez l'effort d'améliorer les choses tout en acceptant les gens et les événements tels qu'ils sont.

Comment aider une personne de type 1 ?

- **En formation**, le perfectionniste apprend si :
  - vos instructions sont précises, la structure et l'objectif aussi ;
  - vous délimitez le champ d'action progressivement ;
  - vous évitez les données floues, trop générales ou trop vastes ;
  - vous lui laissez le temps de comprendre les choses avant de passer à l'action ;
  - vous êtes compétent et « socialement convenable » ;
  - il a le temps de faire les choses correctement, même si cela veut dire lentement.
- **Au travail**, pour le motiver :
  - soyez précis ;

– soyez patient, laissez du temps pour la réflexion ;
– soyez méthodique ;
– parlez avec autorité et conviction ;
– encouragez-le à voir les choses de différentes manières au lieu de rechercher *la* seule solution correcte ;
– insistez sur le fait que l'erreur est humaine, surtout s'il s'agit de nouvelles données ;
– ne vous attendez pas à une adhésion ou une adaptation rapide.

- **Dans une relation amicale ou amoureuse :**
  – admettez vos erreurs et faites-lui découvrir ce qu'il y a de positif dans votre relation ;
  – aidez-le à retrouver du plaisir (sorties, cinéma, dîner entre amis, activités sportives, massage…) ;
  – questionnez-le sur la différence entre ce qu'il est bon de faire et ce qu'il a vraiment envie de faire ;
  – proposez-lui des projets à courts termes qui lui permettront d'apprécier le parcours accompli.

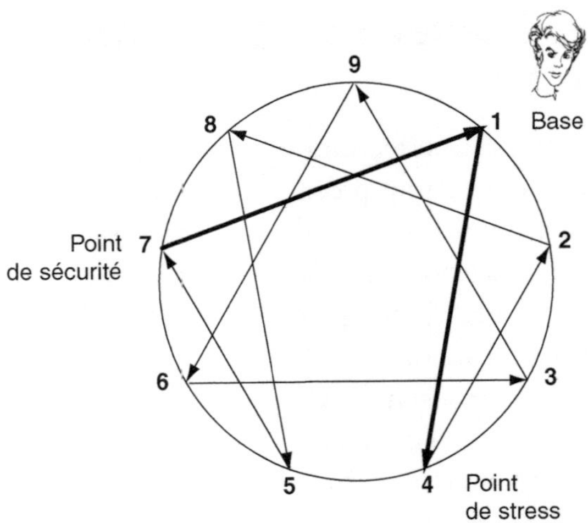

Figure 3.1 ■ Dynamiques du profil 1

L'altruiste

L'altruiste est une personne qui a soif d'être aimée et d'aimer les autres.
Il a tendance à voir le monde comme un ensemble de personnes humaines à secourir. Il a une faculté particulière à voir ce dont l'autre a besoin, à s'adapter, à s'oublier. Il est attentionné, chaleureux, réconfortant. Il aime se sentir utile, apprécié parce qu'il a aidé.
Pour le Deux, la vie est don et service.

Construction psychologique du type 2

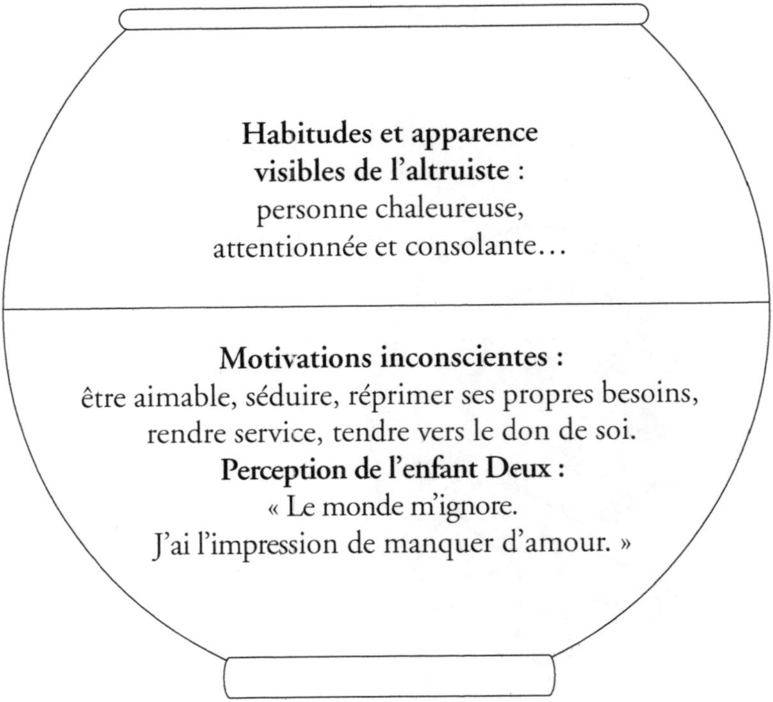

- **Il aime :**
  - donner des conseils, des encouragements;
  - plaire, faire des cadeaux;
  - maintenir une image de sauveur;
  - deviner ce dont vous avez besoin;
  - être au centre de la vie du groupe.
- **Il n'aime pas :**
  - dire non;
  - être seul;
  - n'avoir personne à qui rendre service;

– qu'on le fasse attendre ;
– qu'on oublie de le remercier.

- **Il entre en conflit si :**
  – on le laisse seul dans un coin ;
  – on est sec, froid ou distant avec lui ;
  – sa chaleur humaine n'est pas reconnue ;
  – on maltraite un membre de l'équipe.
- **Il est satisfait de sa journée si :**
  – il a pensé à appeler une personne pour lui souhaiter bon anniversaire ou bonne fête ;
  – vous avez utilisé son conseil pour résoudre votre problème ;
  – vous avez associé son nom à la réussite de votre projet.
- **Qualités essentielles :**
  – la confiance qu'il donne à autrui ;
  – la capacité à stimuler, encourager ;
  – le don de soi, l'aide ;
  – l'attention chaleureuse ;
  – la présence prévenante ;
  – le partage de son énergie, de ses qualités.
- **Mots importants :** générosité, don, compassion, service, utilité… sont présents dans le vocabulaire du Deux.
- **Motivations principales :** le Deux veut être reconnu pour son souci des autres, son dévouement, ses services rendus. Il veut exprimer son amour et être aimé en retour. Il aime qu'on reconnaisse son utilité, voire sa présence chaleureuse indispensable.
- **Vision du monde :** « Le monde ne me donnera pas d'amour si je n'en donne pas. »
- **Peur :** le Deux a peur de manquer d'amour.
- **Placement de l'attention :** sur le besoin des autres.
- **Passion :** l'orgueil. Il peut arriver que le Deux, trop attentif à rendre service, perde son équilibre intérieur. Il se décentre

alors de lui-même, nie ses propres besoins. Il tire son orgueil dans le fait de rendre service et d'être indispensable. L'orgueil du Deux est donc la fierté d'être utile aux autres au point de nier ses besoins.

- **Vertu :** l'humilité. Elle consiste pour le Deux à prendre conscience du bénéfice tiré à rendre service, à s'accueillir et respecter ses besoins et ainsi à accepter que les autres puissent se passer de lui sans qu'il se sente mal aimé.
- **Compulsion :** il évite d'être rejeté et de reconnaître ses propres besoins.
- **Centre dominant :** le centre émotionnel
- **Blessure de l'enfance :** enfant, le Deux aurait ressenti qu'il n'était pas aimé pour ce qu'il était mais pour ce qu'il apportait. Il aurait alors eu le sentiment que sa survie dépendait du fait qu'il aide. Il aurait également associé la solitude à un sentiment de non-existence. Il aurait donc appris à se tourner vers les autres, à déceler leurs besoins et désirs, à s'adapter, à séduire, espérant ainsi être aimé en retour.

Ressources et pièges possibles

Ressources	Pièges possibles
Les relations humaines sont essentielles.	Trop de sympathie dans les relations peut créer des réactions émotionnelles et diminuer l'efficacité.
Énormes facultés d'adaptation aux autres.	Peut se couper complètement de ses propres besoins et priorités.
Doué pour seconder ou assister les autres.	Usure ou déficiences physiques sont courantes.

Ressources	Pièges possibles
Comprend facilement les instructions.	Peut avoir du mal à garder son attention dans un environnement non porteur. A besoin de *feed-back*.
Va vers l'autre avec une image positive et une attitude amicale.	On peut se sentir obligé d'être aimable et avoir du mal à lui dire les choses franchement.
En général, soumis à l'approbation et au soutien extérieur.	Peut devenir très dépendant des autres pour se sentir valorisé.
A besoin de rendre service et de se rendre utile.	Trop de serviabilité peut inhiber l'esprit d'initiative et de responsabilité des autres.
Souvent, évite de faire part de ses propres désirs.	Ne peut pas exprimer ses envies clairement. Cela peut agacer, susciter chez les autres la culpabilité ou le sentiment d'être manipulés.

Au mieux	Au pire
Attentionné, encourageant, généreux.	Manipulateur, hystérique, mielleux, amer.
Enthousiaste, avec une écoute constructive.	L'orgueil prend le pas sur l'altruisme.

Entretien avec une Altruiste

Nadia, 31 ans, aide-soignante

Comment vous définiriez-vous ?

Généralement, je suis une personne souriante, chaleureuse. Mais je peux faire la tête si je ne me sens pas reconnue ou appréciée.

Quel regard posez-vous sur le monde ?

Je pense qu'il irait mieux s'il y avait plus d'entraide, d'amour, de chaleur humaine. Les relations humaines, c'est vraiment essentiel !

Comment fonctionnez-vous au travail ?

J'aime mon travail parce que je me sens utile auprès des personnes âgées. Je suis sensible à ce qu'elles vivent, parfois trop. Il m'arrive souvent de deviner leurs besoins avant qu'elles ne m'en parlent. Je vois bien leur souffrance ou leur solitude et j'aimerais bien passer plus de temps avec chacune mais le temps est compté. C'est dommage mais je ne peux pas faire pour elles autant que je voudrais. Même si c'est un travail physique et émotionnellement éprouvant, je sens qu'il me correspond. C'est normal pour moi de rendre service, d'aider, de donner de ma personne. Cela me rend heureuse.

Et avec votre entourage ?

Quand des amis me demandent un service, j'ai du mal à leur dire non. Je suis partie pour aider et j'ai tendance à m'oublier. Évidemment, le plus souvent mon entourage est content de moi !

Mais, je me souviens qu'une fois, une amie m'a reproché d'essayer de la manipuler, de la contrôler. Je n'ai rien compris et ai eu beaucoup de peine.

9 recommandations aux personnes de type 2

– Pratiquez la prise de décision et l'estimation objective et non-personnelle.
– Gardez à l'esprit que votre chaleur et votre sens des contacts peuvent ne pas être une priorité partagée par tous.
– N'espérez pas des autres qu'ils créent avec vous des relations qui dépassent leurs capacités.
– À force de rechercher les besoins des autres, vous pouvez perdre de vue vos limites. Soyez disposé à établir vos propres limites.
– Par moments, il vous faudra fonctionner hors de votre zone de confort.
– À cause de votre compassion et de votre affection naturelles, surveillez votre tendance à devenir trop serviable ou à assumer les responsabilités de leurs problèmes. Maintenez un sentiment d'amical détachement. Évitez de faire vôtres les sentiments des autres.
– Encouragez les autres à vous parler franchement et accueillez leur avis, même s'il est exprimé durement.
– Évitez la vanité qui transparaît quand vous adoptez une attitude trop dépendante de l'autre et que vous demandez un traitement spécial. Au contraire, une modestie excessive peut également poser problème si vous vous dévaluez sans cesse.
– À travailler : connaissez votre propre valeur. Encouragez les réactions et l'approbation extérieures afin d'accroître votre lucidité. Soyez conscient à la fois de vos capacités et de vos limites.

Comment aider une personne de type 2 ?

- **En formation**, le type 2 apprend si :
  - vous savez créer un contact personnalisé : il apprend mal tant qu'il ne se sent pas reconnu;
  - il a le sentiment d'avoir une relation privilégiée avec vous;
  - vous le mettez en confiance : s'il craint de paraître idiot, il hésitera à prendre des risques au début;
  - vous avez su créer une ambiance chaleureuse dans l'équipe, montrant ainsi que les relations humaines ont de l'importance pour vous.

- **Au travail**, pour le motiver :
  - établissez un contact direct et soyez chaleureux ;
  - n'attendez pas qu'il prenne de grands risques au début ;
  - ne limitez pas le processus d'étude à un style logique ou analytique ;
  - mettez l'accent sur un rapport personnalisé et sur un environnement chaleureux ;
  - poussez-le vers la recherche de solutions intuitives et créatives ;
  - encouragez les activités avec un partenaire ou en groupe.
- **Dans une relation amicale ou amoureuse :**
  - questionnez-le sur la différence entre ce qu'il voudrait faire pour vous faire plaisir et ce qu'il a vraiment envie de faire ;
  - proposez-lui des plages de repos, de moments pour se choyer (aller chez le coiffeur, faire son sport favori...). Dites-lui que vous prenez en charge la tâche qu'il avait prévu d'effectuer (s'occuper des enfants, aller faire les courses, ranger une partie de la maison, emmener la voiture au garage...).

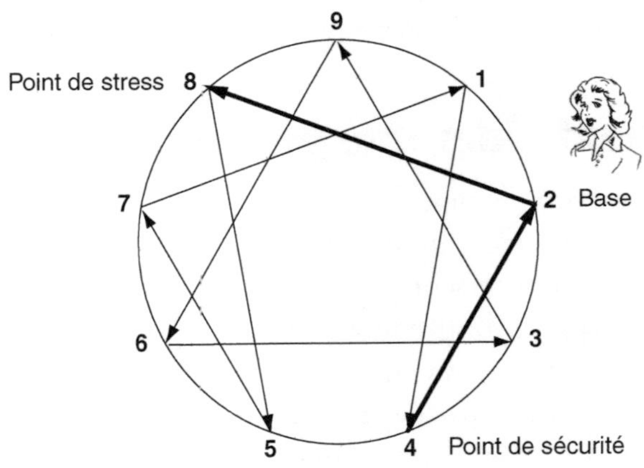

Figure 4.1 ■ Dynamiques du profil 2

Le battant

Le battant est une personne dynamique, fier de ses réussites, efficace dans ce qu'il entreprend.

Il est à la fois soucieux de l'atteinte de ses objectifs et soucieux de l'image qu'il renvoie. Il a tendance à voir le monde comme une course dans laquelle il doit être performant et briller. Il considère que la valeur d'une personne se mesure par ses résultats et le prestige qui en résulte. Aussi, a-t-il tendance à confondre ce qu'il est et ce qu'il fait. L'échec existant dans toute vie humaine peut être vécu par lui comme un drame.

Pour le Trois, la vie est compétition.

Construction psychologique du type 3

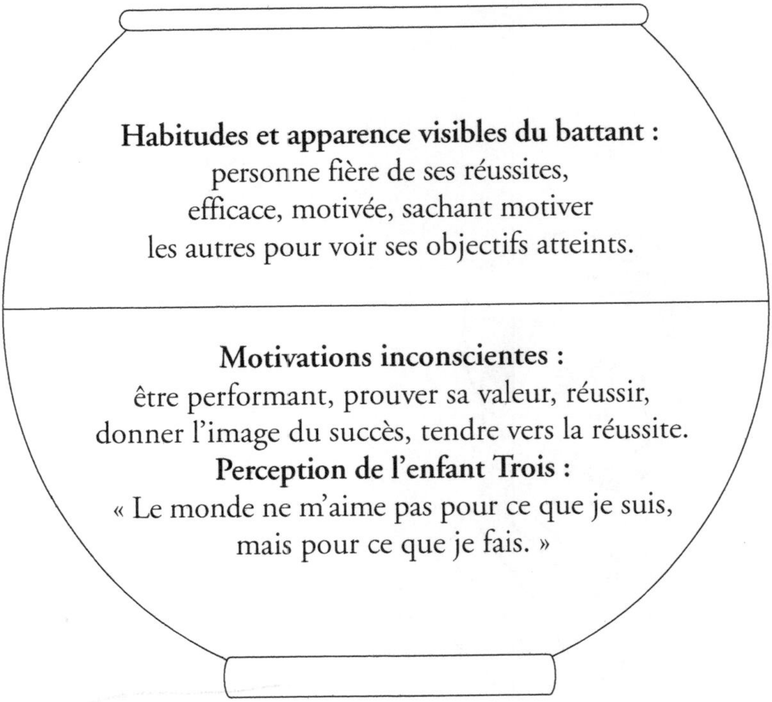

- **Il aime :**
  - réaliser et réussir, se battre et gagner;
  - être efficace, occupé et actif;
  - accroître standing et prestige;
  - s'améliorer, pouvoir mesurer sa progression;
  - la compétition.
- **Il n'aime pas :**
  - parler de ses sentiments ou des vôtres;
  - ne rien avoir à faire;
  - les réunions qui s'embourbent ou s'éternisent;
  - rater un objectif ou une bonne occasion.

- **Il entre en conflit si :**
  - quelqu'un ou quelque chose se met en travers de son objectif;
  - on lui retire un projet sur le point d'aboutir;
  - on le contraint à la patience ou au statu quo.
- **Il est satisfait de sa journée si :**
  - il est de nouveau en tête des ventes du mois;
  - il a réalisé une grosse affaire;
  - il s'est fait des relations utiles.
- **Qualités essentielles :**
  - la capacité à animer un groupe;
  - l'enthousiasme;
  - l'efficacité;
  - le sens pratique de la vie;
  - le professionnalisme;
  - le leadership;
  - l'organisation;
  - le dynamisme;
  - la flexibilité.
- **Mots importants :** efficacité, objectif, réussite, performance, défi, compétence… sont présents dans le vocabulaire du Trois.
- **Motivations principales :** le Trois veut profondément être reconnu pour ce qu'il fait, pour ses actions qu'il souhaite voir admirées, pour ses succès qu'il présente à son entourage afin qu'ils soient valorisés. À travers ses actions, c'est lui-même qui recherche l'admiration, voire la fascination.
- **Vision du monde :** « Le monde valorise les champions, évitons les échecs à tout prix. »
- **Peur :** le Trois a peur de l'échec.
- **Placement de l'attention :** sur l'action à accomplir.
- **Passion :** le mensonge. Le mensonge consiste en un arrangement avec la vérité. Pour le Trois, l'image qu'il donne aux autres, l'atteinte de ses objectifs, la réussite sont tellement

importants qu'il en arrive à transformer la vérité à son avantage afin d'être reconnu, aimé.

- **Vertu :** l'authenticité. Lorsque le Trois est authentique, il ne cherche plus à paraître, à jouer le rôle que les autres souhaitent qu'il tienne. Il ne se perd plus dans des mensonges pour sauver sa « bonne image ». Le Trois s'accueille alors tel qu'il est, confiant en sa capacité d'être aimé. Il distingue son être de ses actes.
- **Compulsion :** il évite l'échec.
- **Centre dominant :** le centre émotionnel.
- **Blessure de l'enfance :** enfant, le Trois aurait vivement ressenti qu'il n'était pas aimé pour lui-même, mais pour ce qu'il faisait : ses résultats, ses prestations. Il se serait alors focalisé sur la performance et l'action, soucieux de donner l'image du succès pour gagner l'amour de ses proches.

Ressources et pièges possibles

Ressources	Pièges possibles
Dur à la besogne, capable de mener une équipe vers l'objectif.	Le besoin de résultats immédiats peut gêner l'établissement de relations nécessaires à une réussite à long terme.
L'identification avec le but et les moyens remplace les besoins personnels et les sentiments.	La vie personnelle et la santé physique peuvent souffrir de l'excès de travail.
Le style personnel met l'accent sur l'affirmation et la confiance.	Peut donner l'impression d'être de mauvaise foi ou de trop avoir l'esprit de compétition.

Ressources	Pièges possibles
Tourné vers l'action, apte à agir rapidement et efficacement.	Le besoin d'être perpétuellement en activité peut masquer les priorités. La quantité tend à remplacer la qualité.
S'adapte facilement à vos attentes.	La recherche de l'approbation en maintenant une image de gagneur peut être mal perçue.
L'image qu'il a de lui (d'elle) se traduit principalement par la nécessité de réussir.	Peut avoir du mal à reconnaître ses erreurs, limites ou défauts, et à en tirer les leçons.

Au mieux	Au pire
Efficace, confiant, énergique.	Privilégie l'image à la vérité, menteur, vaniteux.
Bon organisateur, gros travailleur.	Roi de l'esbroufe et de la poudre aux yeux.

Entretien avec un Battant

Marc, 38 ans, directeur des ventes

Comment vous définiriez-vous ?

Comme le meilleur !!! Je rigole mais il y a quand même une part de vérité. J'aime être le gagnant, que ça soit au niveau des loisirs (les jeux de société, le sport...) ou au niveau professionnel.

Comment fonctionnez-vous au travail ?

Je suis très impliqué, actif à 100 %. Du coup, je réussis pratiquement tout ce que j'entreprends. Je suis super content ou plus exactement très fier de mes réussites. J'aime les raconter aux copains et parfois en rajouter ! Concrètement, dans mon travail de directeur des ventes, je suis focalisé sur les objectifs à atteindre et cela me pulse. Aujourd'hui, je travaille plutôt seul, mais dans mon job précédent, il m'est souvent arrivé d'avoir très envie de prendre en charge un projet qu'un de mes collaborateurs traitait trop lentement. En fait, j'aime relever des défis du genre : prendre un projet au pied levé, le mener à terme jusqu'à la réussite !

Quel regard posez-vous sur le monde ?

Je pense que ce que l'on produit, révèle notre valeur. Ce qui est important, c'est ce qui est accompli et le regard des autres, leur approbation.

Au niveau de votre vie de famille ?

Je me rends compte que je ne passe pas assez de temps à la maison. Mais c'est ici que je peux relâcher la pression. Je peux être plus authentique avec ma femme. Même si l'image que je lui donne a de l'importance, je sais qu'elle m'aime au-delà de ça.

9 recommandations aux personnes de type 3

– Apprenez à maximiser la dynamique de groupe quand vous conduisez une équipe vers un objectif commun.
– Quand vous instaurez un changement, allez d'abord consulter ceux qui ont de l'expérience avant d'essayer de les mener vers le résultat désiré.

– Prenez le temps d'écouter les sceptiques et comprenez ce qu'ils veulent dire.
– Prenez en considération le possible apport d'autres compétences sur le projet.
– Acceptez pour les autres un rythme différent pour réfléchir, planifier et agir. Acceptez qu'ils aient d'autres priorités que la seule réussite du projet. Reconnaître et signaler ces changements aidera les gens à s'adapter.
– Garder votre regard tourné vers l'avant n'empêche pas une forte résistance et des contretemps. Ils font partie du processus et peuvent contribuer au résultat final. Utilisez donc ces obstacles pour développer votre sens d'évaluation des situations.
– À cause de votre focalisation sur l'objectif, il est nécessaire de le remettre régulièrement en cause, ainsi que d'en revoir les priorités et d'en élargir le contexte.
– Prenez le temps de fêter la réussite.
– À éviter : avoir besoin de réussir à tout prix. Considérer que la performance n'existe qu'au détriment de la qualité du travail ou des relations. Cette tendance survient principalement quand il y a risque d'échec.
– Tendre vers : une honnête évaluation de vous-même, qui dépend de l'acceptation de vos limites et de la leçon à tirer de vos échecs. Cela signifie également regarder au-delà des apparences pour privilégier l'authenticité, la valeur du temps et de l'écoute.

Comment aider une personne de type 3 ?

- **En formation**, le type 3 apprend si :
  - vous utilisez un style rapide, clair et stimulant;
  - il peut rapidement expérimenter ce que vous dites;
  - vous proposez régulièrement des nouveautés;
  - vous semblez compétent et performant;
  - vous avez défini l'objectif et des moyens simples efficaces de l'atteindre.
- **Au travail**, pour le motiver :
  - Adaptez-vous rapidement à la progression de ses résultats;

– Prenez acte de ses réalisations ;
– Encouragez les initiatives et la prise de risques ;
– Présentez les problèmes comme des défis, il/elle aime le challenge ;
– Allez au fait rapidement. Ne vous étendez pas sur les préambules ;
– En tant qu'instructeur, maintenez une image de succès et de compétence adaptée au contexte ;
– Ne mettez pas trop l'accent sur la théorie ;
– Définissez précisément ce que serait « *avoir réussi un objectif* ».

- **Dans une relation amicale ou amoureuse :**
  – Redites-lui par vos actes et vos paroles qu'il est apprécié, aimé tel qu'il est, quelle que soit sa réussite ;
  – Aidez-le à trouver les mots pour qu'il exprime ses sentiments.

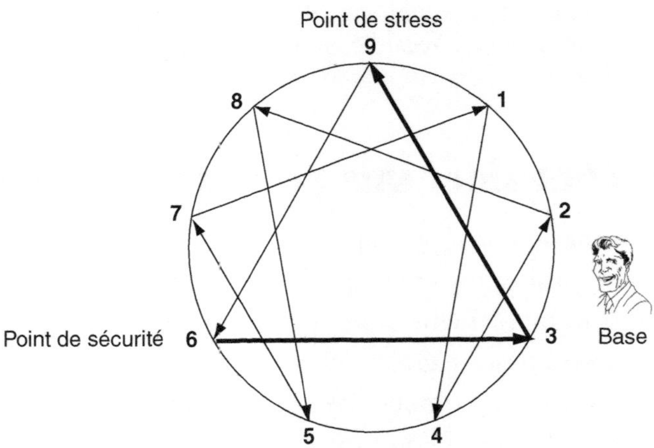

Figure 5.1 ■ Dynamiques du profil 3

Le romantique

Le romantique est une personne originale qui revendique le fait d'être une personne unique.
Il est sensible et accorde beaucoup d'importance à l'expression des émotions, les siennes et celles des autres. Aussi, a-t-il un attrait particulier pour les peintres, comédiens, danseurs… qui ont une large palette d'émotions et expriment surtout ce qu'ils sont. Le Quatre est lui aussi très créatif. Il se sent parfois seul au monde, différent, incompris.
Pour le Quatre, la vie est intensité.

Construction psychologique du type 4

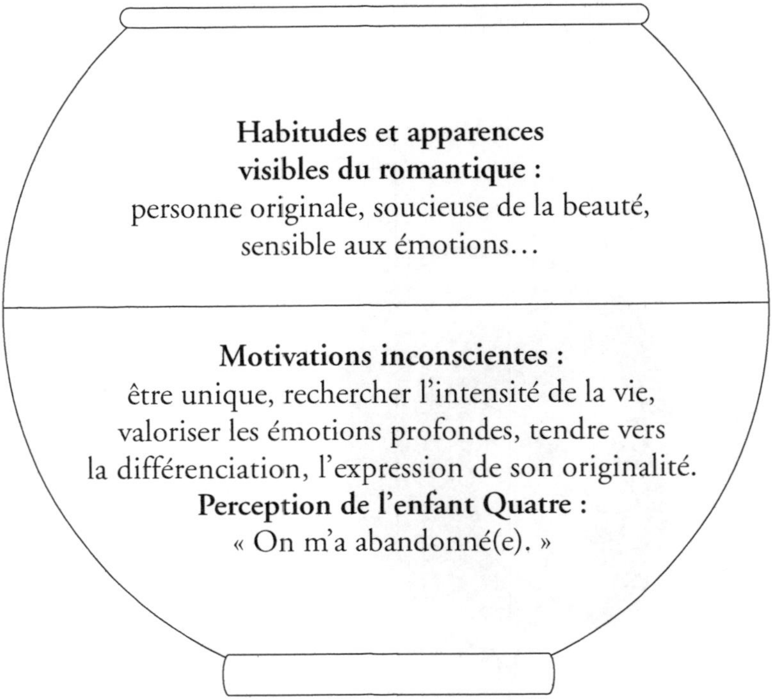

- **Il aime :**
  - parler des émotions, de votre mère malade, de l'accident de Marcel… ;
  - être créatif;
  - ce qui est unique, intense, rare;
  - les événements exceptionnels;
  - ce qui manque « Ah ! Si seulement Untel n'avait pas démissionné… »;
  - ce que vous avez et qu'il n'a pas : stylo, manteau, PC, porte-documents… ;

– l'intensité des émotions : « Mieux vaut une bonne déprime que de subir la banalité du quotidien. »

- **Il n'aime pas :**
  – le banal, la routine, le quotidien;
  – la critique, le manque d'égards;
  – qu'on lui dise qu'il est trop sensible.
- **Il entre en conflit si :**
  – vous l'obligez à suivre à la lettre les techniques habituelles de vente sans créativité possible;
  – il se sent concurrencé sur son territoire;
  – il ne comprend pas la finalité de son travail. Il a besoin de comprendre tout ce que pourra faire le consommateur avec un photocopieur pour bien le vendre.
- **Il est satisfait de sa journée si :**
  – vous lui avez confié l'organisation de la fête annuelle;
  – vous avez remarqué sa nouvelle cravate;
  – vous avez passé du temps à écouter ses états d'âme.
- **Qualités essentielles :**
  – la sensibilité;
  – la profondeur;
  – le sens du beau;
  – la capacité d'accueil des émotions négatives ou positives;
  – la capacité à souligner les temps forts de l'existence : les périodes d'amour, les naissances, les décès… pour lui, mener sa vie est comme réaliser une œuvre d'art.
- **Mots importants :** originalité, créativité, intensité, émotions, beauté, profondeur… sont présents dans le vocabulaire du Quatre.
- **Motivations principales :** le Quatre veut profondément être reconnu pour sa différence. Il cherche à comprendre les émotions qui l'habitent et à s'affirmer à travers l'esthétisme.

- **Vision du monde :** « Quelque chose me manque. Les autres l'ont. J'ai un sentiment d'abandon. »
- **Peur :** le Quatre a peur de l'abandon.
- **Placement de l'attention :** sur le manque. Il recherche la plénitude.
- **Passion :** l'envie. Le Quatre dans sa passion ressent le manque. Il ne se sent pas comblé. L'envie est étroitement liée à son incapacité à se satisfaire des choses telles qu'elles sont. La peur de la médiocrité va l'amener à désirer vivre des situations émotionnellement fortes afin d'embellir son « ordinaire ».
- **Vertu :** l'équanimité. L'équanimité ou égalité d'humeur se manifeste chez le Quatre en un sentiment d'harmonie, de paix avec soi-même et les autres. Il réalise qu'il a ce dont il a besoin, ne se crée plus d'envie et se satisfait de qui il est. Il ne recherche plus alors l'intensité, confiant de sa valeur personnelle.
- **Compulsion :** il évite la banalité de la vie, des relations, des sentiments.
- **Centre dominant :** le centre émotionnel.
- **Blessure de l'enfance :** enfant, le Quatre aurait vivement ressenti l'abandon et/ou un drame de grande intensité pour lui. Il aurait éprouvé un manque immense, une sensation d'être différent à jamais des autres.

Ressources et pièges possibles

Ressources	Pièges possibles
Bonnes capacités relationnelles, tend généralement à s'impliquer émotionnellement.	Sa difficulté à gérer ses propres réactions émotionnelles peut le faire percevoir comme quelqu'un d'excessivement dramatique et instable.

Ressources	Pièges possibles
Créatif, sens de l'initiative, sensible à la beauté et à la façon de présenter les choses.	Trop d'accent sur sa propre individualité peut créer une distance et le faire passer aux yeux des autres comme hautain.
À la fois idéaliste et analytique, il a besoin de comprendre l'objectif pour se motiver.	A beaucoup de mal à exercer des activités à caractère routinier ou à mener à bien des tâches qui lui paraissent banales.
Bon jugement critique dans sa recherche de la qualité.	Peut sévèrement critiquer les personnes et les activités qui ne sont pas à la hauteur de ses attentes.
Grand souci d'authenticité.	A du mal à accepter la critique, à tolérer l'ambiguïté ou à donner raison aux autres.
Tendance à se sentir différent, voire supérieur aux autres.	Sa perception des autres, son jugement, peuvent être subjectifs, surtout dans un contexte de compétition ou de jalousie.

Au mieux	*Au pire*
D'humeur égale, créatif.	Envieux, dépressif.
Chaleureux, compatissant.	Critique, susceptible.

Entretien avec une Romantique

Marie-Anne, 43 ans, esthéticienne

Comment vous définiriez-vous ?

Me définir, c'est quelque chose ! Ce qui me vient tout de suite, c'est « Je suis moi, Marie-Anne ». Après, j'ai des caractéristiques communes avec d'autres personnes. Je suis sensible par exemple. D'ailleurs mon entourage me le reproche souvent. Selon mon mari et mes enfants, j'en fais trop ! C'est vrai que je suis différente d'eux et que je recherche plus qu'eux une relation affective profonde. J'ai tendance à pleurer sur moi : il me manque quelque chose dans la relation. Ce n'est pas assez. Mon mari me dit que beaucoup de femmes seraient heureuses à ma place, que je n'apprécie pas à sa juste valeur la vie qu'il partage avec moi.

En fait, si je repense à mon existence, j'ai toujours été à la recherche de grandes émotions. Je me rappelle un moment de ma vie plutôt sombre, très mélancolique. J'étais une jeune femme et souffrais de l'absence d'un grand amour. Je me sentais incomprise, différente des autres, très seule et triste. Il m'arrive encore de ressentir cette incompréhension, cette différence. Je vois bien que je recherche une intensité de sentiments que peu de gens recherchent. Beaucoup se satisfont de la banalité du quotidien. Moi, je n'y arrive pas ! Heureusement, dans mon travail, je retrouve ce qui est important pour moi : le beau, l'esthétisme. Un soin assez long comme un modelage me permet d'échanger en profondeur avec certaines clientes qui viennent pour ça.

9 recommandations aux personnes de type 4

– Votre affect peut être puissant. Faites attention à votre ton et à votre état émotionnel qui s'expriment à travers votre voix et votre langage corporel, et à la façon dont cela influe sur les autres.

– Essayez d'être méthodique et succinct quand vous parlez. Vous avez tendance à vous embrouiller, à être décontenancé ou à dramatiser sous l'influence du stress.
– Soyez plus sobre dans vos attitudes. Trop théâtrales, elles risquent d'empêcher les autres de se concentrer sur ce que vous dites. Théâtraliser ne renforcera pas votre crédibilité. Ils ne voient plus que l'intensité de vos émotions au lieu d'entendre le message que vous leur destinez.
– N'insistez pas trop pour que les autres se conforment à votre cadre de référence ou se rallient à votre point de vue.
– Utilisez votre sympathie et votre écoute des sentiments des autres comme une source d'information importante quant à leurs besoins en matière de structure ou de soutien afin de produire un travail performant.
– Acceptez les différences tout en recherchant un terrain d'entente commun. Les gens seront plus à même d'admettre votre opinion si vous agissez de même avec la leur.
– Votre souci des autres peut vous conduire à trop d'engagement ou à une préoccupation déplacée.
– Veillez à vos réactions négatives quand vous n'arrivez pas à trouver un sens à une activité ou dans ce que font ou disent les gens.
– Faites preuve de détachement quand vous montrez de la sympathie et créez des liens appropriés.
– Le sentiment d'envie et esprit de compétition se développent lorsque vous vous dévaluez vous-même et estimez que les autres vous sont supérieurs. Cela survient quand le sentiment qu'il vous manque quelque chose prévaut sur votre appréciation objective de vous-même et des autres.
– Tendre vers : l'égalité d'humeur, la sensation de bien-être et l'équilibre émotionnel qui reposent sur l'acceptation de vous-même et des événements extérieurs. Savoir apprécier l'existant autant que ce qui manque.

Comment aider une personne de type 4 ?

- **En formation**, le type 4 apprend si :
  – vous savez être enthousiaste et créatif;

- il comprend le sens, la finalité de l'apprentissage ;
- la formation lui permet d'expérimenter dans la sensation, avec un engagement personnel ;
- il peut, de temps à autre, s'autoriser une remarque « sentimentale », exprimer son ressenti émotionnel ;
- vous lui accordez un rapport personnalisé et de la place pour son « unicité » ;
- les matériaux doivent être ludiques ou dynamiques pour le sortir de son individualité et l'engager avec les autres.

• **Au travail**, pour le motiver :
- tout, sauf la routine !
- ne considérez pas le rationnel comme seule approche valable ;
- tant que les résultats sont au rendez-vous, accordez-lui de la place pour une approche plus « sentimentale » des choses ;
- soyez logique, mentionnez votre motivation et parlez avec conviction ;
- autorisez ses remarques liées aux sentiments mais évitez les débordements et sachez ramener son attention sur l'essentiel ;
- laissez passer ses périodes de nostalgie ou d'amplitude émotionnelle, puis ramenez-le vers la réalité de son travail ;
- accordez-lui une attention ou une reconnaissance personnalisée ;
- aidez-le à établir un contact émotionnel avec ce qu'on lui propose.

• **Dans une relation amicale ou amoureuse :**
- écoutez-le sans l'interrompre, reformulez pour qu'il ait la sensation d'être compris et de n'être pas seul dans la relation ;
- aidez-le à apprécier ce qu'il est, ce qu'il a, ce qui fait sa vie.

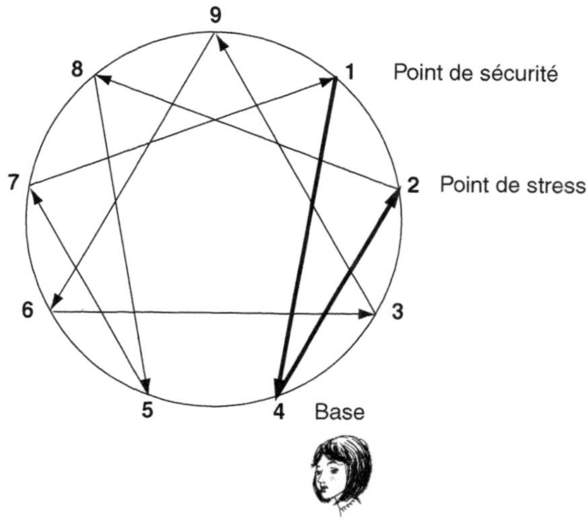

Figure 6.1 ■ Dynamiques du profil 4

L'observateur

L'observateur est une personne calme, indépendante, soucieuse de son espace vital, recherchant la solitude.
Il privilégie la réflexion (analyse, synthèse…) à l'action. Son mental est très actif. Il a à la fois du mal à prendre conscience des émotions qui l'habitent et à exprimer ses sentiments à autrui.
Il a tendance à voir le monde comme une multitude d'éléments à connaître, à comprendre.
Le Cinq privilégie la vie de son monde intérieur.

Construction psychologique du type 5

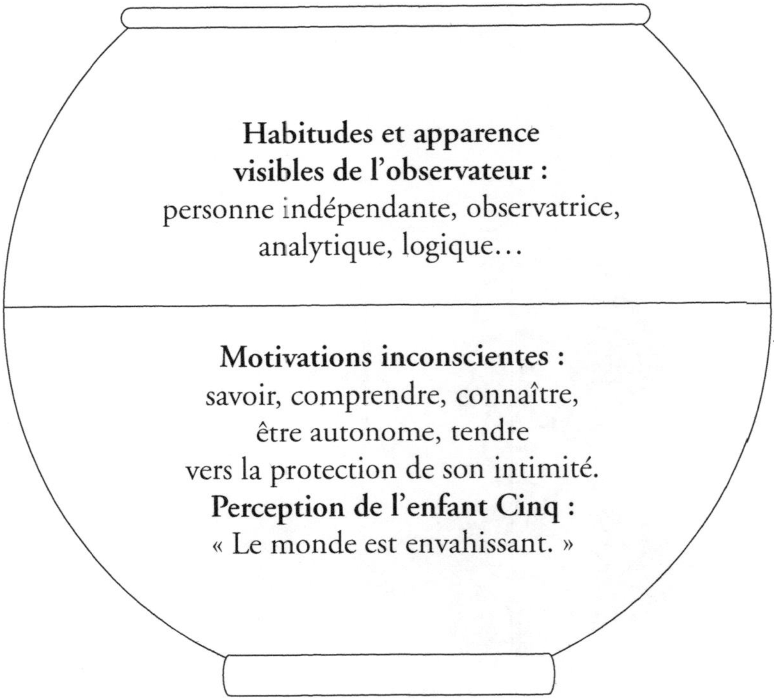

- **Il aime :**
  - le silence, l'intimité, la discrétion;
  - observer, prendre du recul pour comprendre;
  - lire, connaître;
  - les conversations intéressantes;
  - réfléchir, trouver le pourquoi des choses.
- **Il n'aime pas :**
  - les mondanités, le superflu;
  - le bruit;
  - discuter de la pluie et du beau temps;
  - parler de lui-même, de ses émotions;

- les imprévus;
- les démonstrations émotionnelles;
- les prises de décision « à chaud »;

- **Il entre en conflit si :**
  - vous l'obligez à agir vite, sans avoir de vue d'ensemble;
  - le travail en équipe ne lui laisse pas assez d'espace vital;
  - le travail nécessite des qualités de beau parleur.
- **Il est satisfait de sa journée si :**
  - il a pu trouver des moments pour s'isoler;
  - il a résolu un problème intellectuellement difficile;
  - le calme a régné dans les bureaux.
- **Qualités essentielles :**
  - la prise de recul face aux événements de la vie;
  - la capacité d'analyse et de synthèse;
  - l'approfondissement des connaissances;
  - la curiosité intellectuelle;
  - l'économie de paroles.
- **Mots importants :** analyse, synthèse, indépendance, abstraction… sont présents dans le vocabulaire du Cinq.
- **Motivations principales :** le Cinq veut profondément être reconnu pour ses connaissances. Il veut comprendre le monde qui l'entoure, acquérir du savoir, protéger son intimité.
- **Vision du monde :** « Le monde est intrusif. J'ai besoin d'intimité pour penser et pour me ressourcer. »
- **Peur :** le Cinq a peur de l'intrusion.
- **Placement de l'attention :** sur les sources d'information.
- **Passion :** l'avarice. L'avarice du Cinq trouve son origine dans la peur de manquer. Manquer de temps, d'argent, de nourriture, d'espace vital… Le Cinq vit alors avec le minimum possible. Il se retire dans son mental.
- **Vertu :** le détachement. Le Cinq vivant le détachement, il éprouve toujours les mêmes besoins (d'espace vital, de connais-

sances...) mais accepte de vivre en relation avec le monde. Il le voit alors différemment. Il prend conscience d'être enrichi au contact d'autres alors qu'il se montrait avare de partages, craignant perdre son énergie, son temps.

- **Compulsion :** il évite l'intrusion des autres dans son espace vital.
- **Centre dominant :** le centre mental.
- **Blessure de l'enfance :** enfant, le Cinq aurait vécu intensément une intrusion dans sa vie. Il aurait alors perçu le monde dans son ensemble comme non respectueux de lui-même et envahissant. Il aurait donc mis en place des comportements de protection : une mise à distance entre lui et les autres, et une acquisition d'informations, de connaissances afin de comprendre le monde et de ne plus être pris au dépourvu.

Ressources et pièges possibles

Ressources	Pièges possibles
Détachement personnel, sang-froid, tend à éviter tout penchant émotionnel ou implication interpersonnelle.	Peut être jugé froid et distant; difficulté à offrir un appui ou une coopération personnelle.
Intellectuellement rigoureux, cherche toujours à comprendre. Vérifie les données. Doué pour saisir l'ensemble des paramètres et conceptualiser.	Privilégie souvent l'approche conceptuelle théorique aux facteurs humains.
Son rôle favori d'observateur facilite la compréhension intellectuelle avant l'action.	Son besoin de garder ses distances peut bloquer la participation. Exiger de tout comprendre peut retarder le travail indéfiniment.

Ressources	Pièges possibles
Priorité totale à la réflexion solitaire, loin de la cacophonie des émotions ambiantes.	Être avare de son temps et de sa présence peut conduire aux mauvaises performances et à l'isolement.
Comme un « grand architecte », éprouve le besoin de tout savoir.	Essayer de tout connaître peut bloquer la relation aux autres ou à l'accomplissement du travail en cours.
Veut éviter de dépendre des autres.	L'indépendance risque de restreindre les relations familiales et professionnelles, la collaboration et la formation du groupe.

Au mieux	Au pire
Détaché, mais chaleureux, il pourra exprimer à sa façon sa sensibilité.	Avare de son temps et de sa présence.
Objectif, doué d'excellentes facultés d'analyse et de synthèse.	Froid, distant, intellectuellement arrogant.

Entretien avec un Observateur

Michel, 52 ans, informaticien

Comment vous définiriez-vous ?

Je me définirais comme quelqu'un de posé, de réfléchi, un peu solitaire aussi.

Quel regard posez-vous sur le monde ?

J'observe beaucoup ce qui se passe. J'essaye de comprendre en m'informant. Je lis les journaux, j'écoute la radio, je regarde la télévision de temps en temps.

De temps en temps ?

Oui, parce que je ne veux pas qu'elle nous envahisse à la maison.

Comment fonctionnez-vous au travail ?

Je suis informaticien et cela me va bien. J'aime étudier de nouveaux programmes, résoudre des problèmes. Je travaille seul dans un bureau, mais contrairement à mes collègues cela me convient. J'aime le silence, la solitude. Ces conditions de travail sont comme des batteries qui me donnent l'énergie dont j'ai besoin.

Et au niveau de votre vie familiale ?

On me reproche souvent mon silence. Ma femme en particulier. C'est vrai que j'ai du mal à exprimer mes sentiments. Ceci dit, je pars chaque année, pendant une semaine, faire une retraite spirituelle, immergé dans le silence. Je fais l'expérience de contacter plus facilement mes émotions et je suis plus bavard au retour à la maison.

9 recommandations aux personnes de type 5

– Vous avez une prédisposition pour l'introversion. Sachez que l'environnement actuel du travail met l'accent sur l'équipe et le travail en réseau. Il serait bon pour vous de travailler en collaboration avec quelqu'un de plus extraverti.

– Votre zone de bien-être dans vos relations aux autres est orientée vers le travail, avec une attention concentrée sur l'information et l'analyse. Souvenez-vous que les autres types de personnalité ont des motivations différentes.

– Il est important pour vous de maintenir vos frontières personnelles, de préserver votre solitude et de vous protéger des intrusions. Apprenez aux autres à respecter vos besoins en ce domaine tout en leur faisant savoir quand et où vous êtes à leur disposition.
– Si vous dirigez une équipe, rappelez-vous que c'est le chef qui donne en grande partie le ton du travail. Communiquez et valorisez les contacts dans votre équipe. Gardez votre réserve et votre jugement pour les choses qui ont vraiment de l'importance.
– Soyez conscient de ce que votre absence ou votre éloignement des autres a un impact. Certaines personnes vont ressentir votre style comme une sorte de commande à distance.
– Vous possédez la capacité de travailler d'une façon indépendante. Demandez aux gens de vous accorder l'autonomie dont vous avez besoin. En même temps, œuvrez pour créer des contacts quand c'est important – lorsqu'il vous faut de l'aide ou lorsque le travail nécessite plusieurs personnes.
– Surtout avec les personnes sensibles aux relations, efforcez-vous d'apporter de la chaleur et un certain sens du contact. N'oubliez pas d'apprécier le travail des autres et de les féliciter. En plus de la tâche en cours, essayez d'être attentif au processus émotionnel des autres et de le prendre en compte, en particulier en période de changement et d'événements difficiles.
– À éviter : le repli sur soi, votre réticence à vous mêler aux autres, à partager votre savoir, votre pudeur face aux émotions ou aux futilités du monde social.
– Tendre vers : le détachement, un état équilibré où il est possible de vous impliquer socialement sans vous sentir diminué par le contact avec les autres et avec la vie elle-même. Lorsque vous êtes réellement en confiance, vous ne perdrez rien en optant pour la participation.

Comment aider une personne de type 5 ?

- **En formation**, le type 5 apprend si :
  - il peut garder un rôle d'observateur, prendre ses marques, comprendre avant toute participation directe, surtout au début;

- vous lui laissez le temps d'intégrer de nouvelles données;
- il n'a pas à beaucoup intervenir personnellement;
- il a la vue d'ensemble, « la théorie »;
- il existe un bon bouquin, un manuel où il puisse se documenter.

• **Au travail**, pour le motiver :
  - laissez-lui du temps pour réfléchir sur un projet avant de solliciter ses remarques;
  - stimulez sa participation en lui demandant de faire part de ses réflexions;
  - soyez direct et bref;
  - respectez sa pensée indépendante et sa façon personnelle d'apprendre;
  - ne vous attendez pas à ce qu'il soit expansif;
  - encouragez son entrée dans un groupe mais autorisez-le à y participer à son propre rythme;
  - évitez de commenter ses résultats en public, il sera plus réceptif dans votre bureau.

• **Dans une relation amicale ou amoureuse :**
  - respectez le temps et l'espace dont il a besoin;
  - laissez-le se régénérer dans un espace qu'il aime.

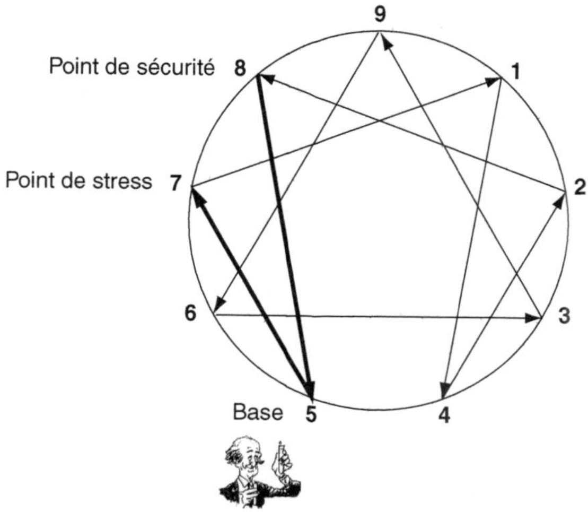

Figure 7.1 ■ Dynamiques du profil 5

Le loyal

Le loyal est une personne fidèle, prudente, en proie à la peur et au doute.
Il a une imagination débordante. Il envisage souvent le pire dans sa vie et celle des autres. Il a également du mal à exprimer son avis et demande conseil à son entourage en qui il a mis sa confiance. Il a tendance à voir le monde comme une source potentielle de dangers. Aussi, a-t-il tendance à se méfier des personnes et des situations, en particulier lorsqu'elles sont imprévues.
Pour le Six, la vie est dangereuse.

Construction psychologique du type 6

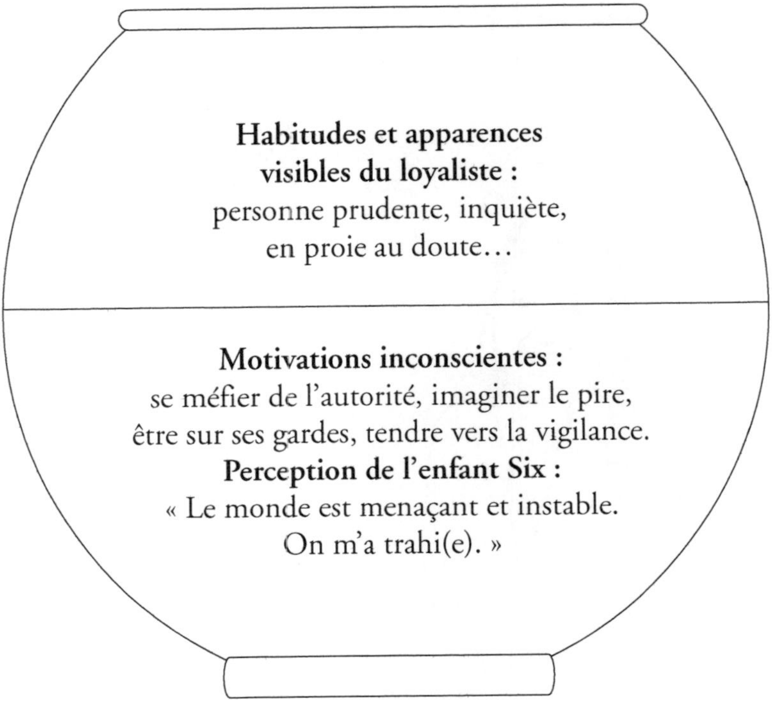

- **Il aime :**
  - les situations claires;
  - se sentir en sécurité;
  - les structures;
  - la loyauté;
  - avoir pu se préparer, avoir du temps pour s'adapter;
  - la vivacité d'esprit.
- **Il n'aime pas :**
  - la trahison;
  - les imprévus;
  - les beaux parleurs, les arguments superficiels;

- les ambiguïtés;
- déléguer;
- être bousculé;
- commencer avant de connaître le plan et les objectifs.

- **Il entre en conflit si :**
  - on essaie de lui faire « prendre des vessies pour des lanternes »;
  - l'autorité manque de clarté ou de présence;
  - le changement va trop vite.
- **Il est satisfait de sa journée si :**
  - il a surmonté sa peur et a fait une bonne présentation;
  - sa méfiance vous a aidé à ne pas tomber dans un piège;
  - il a su enfin prendre la décision importante qui traînait (bien qu'il doute toujours...).
- **Qualités essentielles :**
  - la loyauté à toute épreuve envers son entourage;
  - le soutien aux plus faibles;
  - l'attention à ceux qui ont besoin d'être protégés;
  - l'anticipation;
  - le doute positif : la remise en question de la véracité d'une situation.
- **Mots importants :** loyauté, sécurité, survie, doute, danger... sont présents dans le vocabulaire du Six.
- **Motivations principales :** le Six veut profondément être reconnu pour sa loyauté, sa fidélité, sa droiture. Il cherche à se protéger des dangers, veille à sa sécurité et à celle des siens. Il veut également dépasser son angoisse, ses doutes.
- **Vision du monde :** « Le monde est menaçant. Pour ma sécurité, je dois m'assurer que l'autorité est claire. »
- **Peur :** le Six a peur de la trahison.
- **Placement de l'attention :** sur tout ce qui pourrait porter atteinte à sa sécurité.

- **Passion :** la peur. La peur du Six se manifeste par la crainte, voire la paralysie, liée au doute qui l'assaille ou par une agressivité envers une figure d'autorité et un élan aveugle vers le danger. La peur accentue alors de manière excessive sa méfiance naturelle, son besoin d'éclaircissement justifié, son doute allant parfois à l'encontre du bon sens.
- **Vertu :** le courage. Malgré le développement de cette vertu, le Six connaît le doute. Le courage consiste alors à se faire confiance en ne s'appuyant plus sur des raisonnements en boucle mais en ayant recours à son intuition, à son ressenti corporel.
- **Compulsion :** il évite le danger, la trahison.
- **Centre dominant :** le centre mental.
- **Blessure de l'enfance :** enfant, le Six aurait vivement ressenti la trahison. Il en aurait tellement souffert qu'il aurait conclu que le monde n'est pas fiable. Il aurait donc appris à rester en éveil, vigilant afin d'assurer sa sécurité et celle de ceux qu'il aime.

Ressources et pièges possibles

Ressources	Pièges possibles
Recherche la sécurité, apprécie les règles et les responsabilités clairement définies.	Faire confiance est à priori difficile, de même que se trouver dans une situation ambiguë ou s'adapter au changement.
Méfiant, cherche à comprendre les intentions des autres et à discerner d'éventuels « vices cachés » derrière leur façade.	À force de méfiance, peut perdre de vue l'objectif de la tâche en cours. Susceptible, peut mal interpréter certains comportements.

Ressources	Pièges possibles
Souvent polarisé sur les questions d'autorité et de pouvoir, avec une ambivalence entre se soumettre et se rebeller : « Puis-je faire confiance ? »	Peut devenir trop docile ou trop rebelle, ou passer rapidement d'une attitude à l'autre.
A besoin de visualiser les choses avant d'agir.	Peut avoir du mal à se mettre en action ou à travailler rapidement.
De type phobique, met l'accent sur l'approbation et la sécurité.	Peut donner trop d'importance à d'éventuels dangers et inventer des écueils imaginaires.
De type audacieux, tend à tester régulièrement la clarté, la compétence de l'autorité en place.	Ses « contestations » peuvent se transformer en d'inutiles conflits ou confrontations.
A fondamentalement besoin d'apparaître comme loyal et fiable.	La fidélité à quelqu'un peut devenir extrême, empêchant toute pensée critique ou divergente.

Au mieux	*Au pire*
Intuitif, confiant, courageux. Sens de l'humour.	Paranoïaque, imprévisible, rigide. Rebelle ou battu d'avance.

Entretien avec une Loyale

Colette, 46 ans, fonctionnaire

Comment vous définiriez-vous ?

Comme une personne douce, docile, un peu peureuse.

Quel regard posez-vous sur le monde ?

J'ai une faculté importante à voir le danger alors que les autres sont dans l'illusion que tout va bien. Je flaire le danger. Souvent, c'est juste et heureusement que j'étais là. Mais je constate que dans ma vie, il m'est arrivé bien des fois d'imaginer le pire. Un pire qui ne s'est pas produit. Je m'en rendais malade.

Comment fonctionnez-vous au travail ?

Du mieux possible. Mes supérieurs apprécient chez moi la loyauté. Dans le service où je travaille, je ne suis pas toujours à l'aise malgré des années de présence. J'ai tendance à me méfier des gens. J'ai peur des relations troubles et surtout de la trahison.

Et avec votre entourage ?

Je suis fidèle en amour et en amitié.

Et le doute dans votre vie ?

C'est une très bonne question ! Le doute fait partie de ma vie, de mon fonctionnement. C'est d'ailleurs parfois très pénible. Heureusement, j'ai autour de moi des personnes de confiance qui peuvent m'écouter. Je n'hésite pas à en appeler plusieurs pour qu'elles me donnent un conseil.

9 recommandations aux personnes de type 6

– Dans un rôle de dirigeant, vous auriez tendance à être trop ou pas assez directif. Apprenez à instaurez la confiance en proposant des solutions. Rappelez-vous que les autres peuvent s'alarmer et se décourager

si votre vision des choses est trop négative. Lorsque vous abordez un problème, développez la souplesse dans l'exercice de l'autorité – donnez des instructions précises quand c'est nécessaire, et laissez la place pour le style individuel, l'autonomie et l'initiative quand c'est justifié.
– Acceptez de prendre certains risques et ne vous braquez pas systématiquement contre les nouveaux projets.
– Vous avez le sens des responsabilités. Trop ? Cela peut être une grande force mais peut également poser un problème si vous vous êtes trop focalisé dessus. Par ailleurs, si vous acceptez trop de responsabilités, il arrive que vous vous sentiez accablé et en proie au doute. Cela risque de nuire à la qualité de vos prises de décision.
– Votre manière de diriger peut sembler ne répondre qu'à une situation de crise ou n'être qu'une réaction. Mettez davantage l'accent sur l'organisation, la logique.
– Exercez-vous à équilibrer votre loyauté et votre besoin d'approbation avec le courage de vos propres opinions et la nécessité d'admettre les conflits.
– Gardez à l'esprit que les gens sont influençables. Votre ton et votre style personnels ainsi que ce que vous attendez des autres ont une forte influence sur les résultats. Gardez-vous d'un ton désagréable ou d'une attitude accusatrice. Essayez d'obtenir le meilleur des autres. Même ceux qui au départ peuvent sembler hostiles ou réservés, sont peut-être de bons éléments.
– Travaillez la légèreté, modérez la suspicion la qualité de vie de votre entourage en dépend. Un bon climat de travail améliore généralement les performances.
– Évitez la peur et le doute qui peuvent vous conduire soit à la rigidité ou à l'hostilité, soit à la panique et à la paralysie.
– Tendez vers la confiance en vous, le courage de dépasser vos doutes. Allez de l'avant, sans pour autant tomber dans l'excès inverse : vous raidir ou vous braquer contre l'opposition ou toute forme d'incertitude.

Comment aider une personne de type 6 ?

- **En formation**, le type 6 apprend si :
  - il peut poser beaucoup de questions : évaluer avant de s'impliquer;

- il connaît le plan rapidement;
- vous lui laissez un certain temps d'adaptation;
- il n'est pas bousculé, si on respecte son rythme;
- vous vous arrêtez régulièrement pour faire le point avec lui et revenez à la vue d'ensemble;
- vous dépassez la vision superficielle et évoquez ce qu'il y a derrière, « le pourquoi de tout ceci »;
- il peut procéder à des essais, à des tests : il lui est difficile de s'engager dans l'action rapidement;
- vous donnez votre opinion, une formulation claire de vos intentions;
- il y a de la place pour des contestations.

• **Au travail**, pour le motiver :
  - prenez le temps de construire un environnement sécurisant;
  - incluez vos intentions à terme dès le départ;
  - autorisez (suggérez ?) la critique;
  - donnez rapidement l'ensemble des données;
  - évoquez à la fois les points forts et les limites d'un projet;
  - soyez clair en ce qui concerne les règles du jeu;
  - ne vous attendez pas à une prise de risques ou à un engagement personnel rapide;
  - sollicitez la participation du groupe.

• **Dans une relation amicale ou amoureuse :**
  - écoutez-le attentivement, reformulez pour qu'il entende ce qu'il a exprimé : « Si je t'ai bien compris, tu me dis que... »;
  - aidez-le à se faire confiance, incitez-le à s'appuyer sur son intuition et ses émotions;
  - rappelez-lui les moments de votre relation où il avait imaginé le pire et où tout s'est bien déroulé, invitez-le à la confiance.

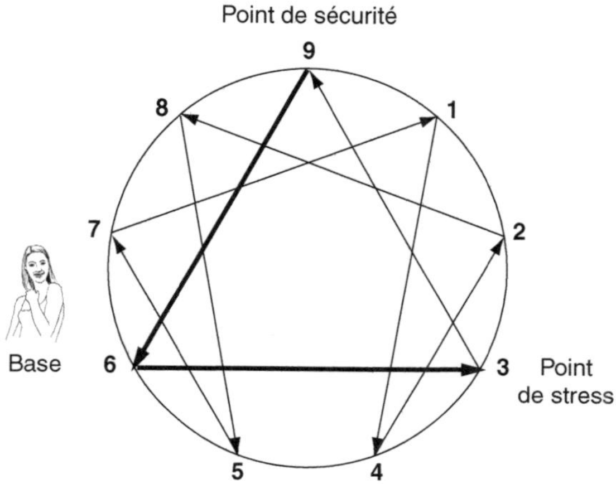

Figure 8.1 ■ Dynamiques du profil 6

L'épicurien

L'épicurien est une personne joyeuse, optimiste, qui s'enthousiasme pour la nouveauté.
Il est dynamique : il envisage facilement et réalise une multitude de projets qu'il ne mènera pas forcément à terme. Il recherche la liberté d'action. Aussi, a-t-il tendance à avoir beaucoup de mal à s'engager sur du long terme dans une voie unique sauf si celle-ci lui permet encore d'autres choix de vie. Il a tendance à voir le monde comme une source intarissable de plaisirs divers et variés. Il est naïf, parfois inconscient du danger.
Pour le Sept, la vie est plaisir.

Construction psychologique du type 7

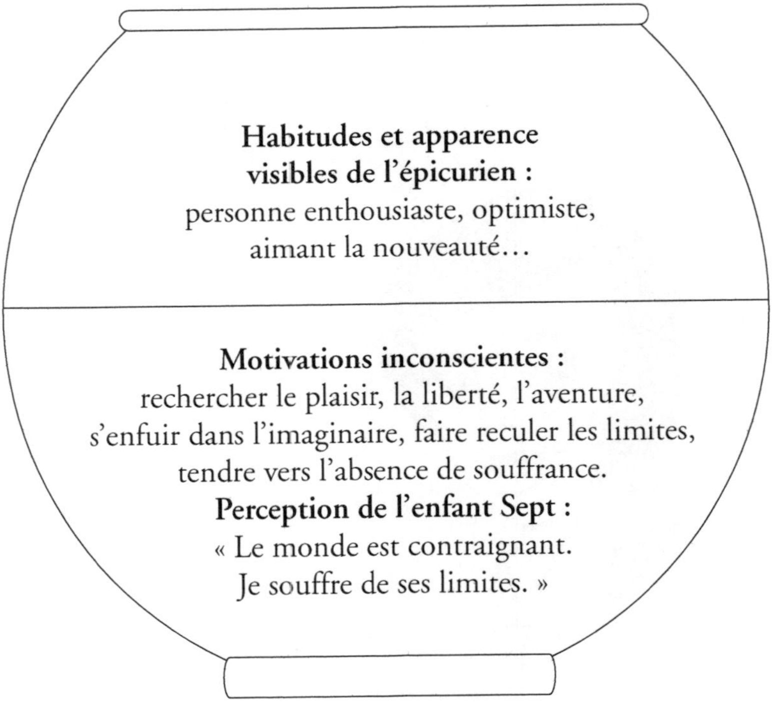

- **Il aime :**
  - la diversité ;
  - l'aventure, les voyages ;
  - la rigolade, rire, sourire, faire plaisir ;
  - charmer, être avec des amis ;
  - faire des projets ;
  - accumuler les plaisirs.
- **Il n'aime pas :**
  - se sentir enfermé ;

– les réunions qui traînent;
– les journées où il ne se passe rien, les situations immobiles;
– la routine;
– qu'on lui rappelle des engagements non tenus.

- **Il entre en conflit si :**

– on l'oblige à fignoler les détails;
– on le dirige avec des rênes trop courtes;
– on le laisse trop longtemps dans la même activité.

- **Il est satisfait de sa journée si :**

– il a découvert une nouveauté et a pu la partager avec enthousiasme;
– il a pu terminer son travail plus tôt : « Il y a tant de choses plaisantes à faire… »;
– il a réussi à mener de front dix tâches différentes en même temps.

- **Qualités essentielles :**

– la joie de vivre;
– la gaieté;
– l'inventivité;
– la spontanéité;
– la facilité à goûter la vie;
– la relativisation de ses malheurs;
– l'attitude positive.

- **Mots importants :** plaisir, diversité, liberté, nouveauté, super, génial… sont présents dans le vocabulaire du Sept.
- **Motivations principales :** le Sept veut profondément être reconnu pour son enthousiasme, son optimisme, sa joie de vivre. Il cherche à être heureux, à goûter les plaisirs de la vie. Il veut également fuir toute angoisse et toute souffrance. Il recherche la liberté d'action, ne veut pas choisir ou préfère encore tout choisir.

- **Vision du monde :** « Le monde est plein de possibilités. Concentrons-nous sur le meilleur et le futur. »
- **Peur :** le Sept a peur de la souffrance, de l'enfermement.
- **Placement de l'attention :** sur les sources de plaisir.
- **Passion :** la gourmandise. Le Sept, qui ressent la peur de l'enfermement fuit dans la gourmandise. Il devient alors glouton de nourriture, de boissons, de rires, d'échanges, de connaissances… Il veut tout, tout de suite. Il se disperse.
- **Vertu :** la sobriété. La sobriété est l'état dans lequel le Sept vit ses émotions avec tempérance. Au lieu de courir après plusieurs lièvres, après plusieurs sources de plaisir, le Sept accepte de tirer le maximum du choix qu'il a fait. Il accepte l'implication à long terme et devient ainsi plus réaliste.
- **Compulsion :** il évite la souffrance, l'enfermement.
- **Centre dominant :** le centre mental.
- **Blessure de l'enfance :** enfant, le Sept aurait vivement ressenti l'enfermement, la contrainte, la frustration. Il en aurait tellement souffert qu'il aurait développé des comportements de fuite face à la souffrance et à ce manque de liberté : humour, légèreté, focalisation sur les bons côté de l'existence, recherche de plaisirs multiples, zapping d'activités ou de pensées.

Ressources et pièges possibles

Ressources	Pièges possibles
Va de l'avant, anticipe sur l'avenir.	Privilégie « comprendre vite » à « tout comprendre ».
Généraliste, apte à travailler simultanément sur plusieurs activités.	A généralement du mal à aller lentement pour suivre une approche méthodique.

Ressources	Pièges possibles
Préfère planifier qu'exécuter. N'aime pas être obligé de se conformer à une seule façon d'agir. Préfère avoir plusieurs options ouvertes pour avoir le sentiment de rester libre.	Peut avoir du mal à soutenir son attention, à reconnaître ses limites ou les lacunes dans son organisation.
Optimiste, il apprécie le « bien vivre ». Tend à prendre les choses avec légèreté.	Tend à esquiver les aspects pénibles d'une tâche ou d'un projet.
Inventif, apporteur d'idées, surtout pour clarifier une situation embrouillée ou bloquée.	Peut avoir du mal à travailler en groupe car sa vivacité le rend impatient face à l'inertie d'une équipe.
Sait stimuler la réalisation d'un projet, est également habile à la vente.	A de la peine à aller jusqu'au bout ou à mener les tâches à leur terme, surtout si elles durent.
Donne sa pleine mesure si on lui laisse utiliser sa créativité, s'il a l'impression de se faire plaisir.	Son propre intérêt, son plaisir peuvent ne pas s'adapter avec ses engagements.
Tend à rationaliser les choses pour se soustraire aux critiques.	Veut éviter d'affronter les difficultés de la vie.

Au mieux	Au pire
Communique sa joie de vivre et son enthousiasme.	
Esprit vif, créatif, capable d'associations d'idées rapides.	Dispersé, indiscipliné, rebelle, content de lui.

Entretien avec un Épicurien

Patrick, 29 ans, professeur des écoles

Comment vous définiriez-vous ?

Comme un bon vivant !

Quel regard posez-vous sur le monde ?

Un regard optimiste parfois naïf. J'ai tendance à croire au *happy end*, au « tout est bien qui finit bien ». La réalité parfois me rattrape mais cela ne m'empêche pas de trouver un élément qui me permettra de positiver !

Comment fonctionnez-vous au travail ?

J'aime beaucoup mon travail qui est très varié. Il me permet d'entreprendre chaque année, et même à chaque période, de nouveaux projets. Le fait d'enseigner plusieurs matières : maths, français, anglais, sport, histoire, géographie, arts plastiques, éducation civique… me ravit. Je ne suis pas dans la routine. Quand je peux faire des ponts entre certaines matières, je trouve ça génial et je le transmets avec bonheur à mes élèves. J'aime aussi préparer mes progressions : avoir une vue d'ensemble des notions à enseigner.

J'aime travailler vite. Mais, je dois le reconnaître, je termine des projets souvent à « l'arrache ». Je m'y mets au dernier moment, parce que j'étais sur d'autres projets en même temps ou parce que cela me semblait pénible et que j'ai reculé l'échéance. Avec toute la passion et l'énergie que j'y mets, je boucle l'affaire. Je suis alors super content de moi ! Mais un peu fatigué !

Et au niveau de votre vie affective ?

Tout va bien en ce moment mais j'ai eu beaucoup de mal à m'engager. J'avais peur de m'ennuyer dans une relation, d'être enfermé dans une option unique. Jusqu'alors j'avais posé des choix quand je pouvais répondre oui à cette question : « Est-ce que cette voie me permettra encore de choisir d'autres voies ? » La liberté est une valeur importante pour moi.

Et le plaisir dans votre vie ?

C'est très important aussi ! Que ça soit un plaisir concret comme manger une bonne entrecôte, boire un petit verre de Monbazillac ou un plaisir plus intellectuel. Je fais souvent une boulimie de lectures : je lis un Agatha Christie puis deux puis trois… jusqu'à ce que mon intérêt s'épuise ! D'ailleurs au niveau lecture, mon ordinaire c'est d'avoir cinq ou six livres commencés sur ma table de nuit.

Le plaisir, c'est aussi passer d'une idée à une autre, d'une activité à une autre, d'un projet à un autre. Ce n'est pas grave si je donne la fin du projet à réaliser à un collègue.

Le calvaire, pour moi, c'est de m'imposer une tâche pénible et répétitive. Je ne sais pas comment font les ouvriers dans les usines. Je ne pourrais pas ! Ou alors en fuyant dans un imaginaire plaisant ou en amusant la galerie !

9 recommandations aux personnes de type 7

– Vous foisonnez d'idées et vous cernez bien les multiples options cependant, il est parfois nécessaire de se fixer une direction et de s'y tenir. Garder vos options ouvertes peut signifier refuser de s'impliquer dans le présent.

– Même avec de bonnes intentions, résistez à trop parler ou à dire aux autres comment faire.

– Votre idéalisme et votre optimisme doivent être contrebalancés par une attention à la fois sur les écueils possibles et sur les possibilités de réalisation. Tenez à vos projets mais préparez-vous également aux contretemps, aux déceptions et aux conflits.

– Soyez conscient de votre possible résistance à l'autorité, préférant une approche plus égalitaire. Prenez garde de ne pas afficher une hostilité cachée, une attitude supérieure ou d'avoir un comportement non coopératif comme réaction à l'autorité.

– Anticipez sur les conséquences de vos actes. Gardez la communication ouverte afin de pouvoir entendre ce que pensent les autres de vos résultats et de ce qui ne marche pas.

– En tant que dirigeant, faites preuve d'autorité face aux autres quand la situation le demande. Les autres ont souvent besoin de plus de directives et de structures que vous. Si quelqu'un a de mauvais résultats, surmontez votre tendance à éviter la confrontation.

– Soyez à l'écoute des besoins des autres et de leurs problèmes. Les contacts peuvent sembler frustrants quand les autres ne sont pas d'accord avec vos idées ou semblent s'opposer à vous. Si vous donnez aux gens le sentiment d'être écoutés, avec le temps ils deviendront probablement vos alliés.

– Favorisez aussi bien votre style de pensée divergent et créatif que le travail en équipe. Sachez orienter votre réflexion et votre sens de la communication dans une direction précise.

– Votre optimisme, votre facilité naturelle peuvent vous amener à masquer les questions essentielles ou les vrais problèmes. L'esprit et le verbe tendent à remplacer un travail constant et appliqué.

– Maintenez la concentration, restez dans le présent et laissez de côté les autres options possibles pour vous occuper des priorités immédiates.

Comment aider une personne de type 7 ?

- **En formation**, le type 7 apprend si :
  - l'apprentissage est dynamique : il supporte mal l'ennui et la lenteur;
  - on donne la vue d'ensemble puis on passe à la pratique;
  - vous offrez des exemples d'associations d'idées dans d'autres domaines;
  - on passe rapidement d'un sujet à l'autre;
  - il y a de fréquentes synthèses ou résumés;
  - vous abordez le sujet par plusieurs aspects en même temps;
  - il peut apporter des idées, des suggestions.
- **Au travail**, pour le motiver :
  - n'hésitez pas à lui confier plusieurs missions simultanément;
  - ne lui mâchez pas le travail, donnez-lui l'objectif, l'échéance, un cadre… et de la place pour sa créativité;
  - laissez-lui du mou dans les rênes, une latitude pour son mode de réflexion ou sa façon de procéder;
  - poussez-le à utiliser plusieurs voies pour atteindre un même objectif.
- **Dans une relation amicale ou amoureuse :**
  - montrez que vous êtes ouvert au changement, aux nouvelles sorties, aux nouveaux lieux de vacances… ;
  - soyez proactif pour proposer des sorties, des activités variées;
  - intéressez-vous à ce qu'il fait;
  - laissez-lui prendre des initiatives;
  - proposez-lui un engagement qui lui permette d'exercer sa liberté.

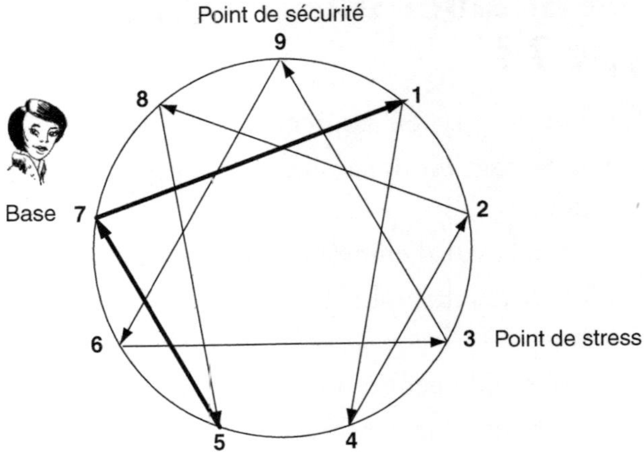

Figure 9.1 ■ Dynamiques du profil 7

Le chef

Le chef est une personne organisée, efficace, sûre d'elle-même, directe, instinctive, combative.

Il se caractérise par sa puissance et sa recherche du rapport de force. Il respecte la consistance d'une personne, même s'il s'agit de son adversaire. Il agit vite et se met rapidement en colère, colère qui, dès qu'elle est exprimée, est souvent aussitôt oubliée. Il aspire à des valeurs telles que la justice, la défense du faible, en particulier de ses proches. Aussi, a-t-il tendance à s'auto-évaluer et à juger les autres selon des critères de perfection élevés.

Pour le Huit, la vie est un combat.

Construction psychologique du type 8

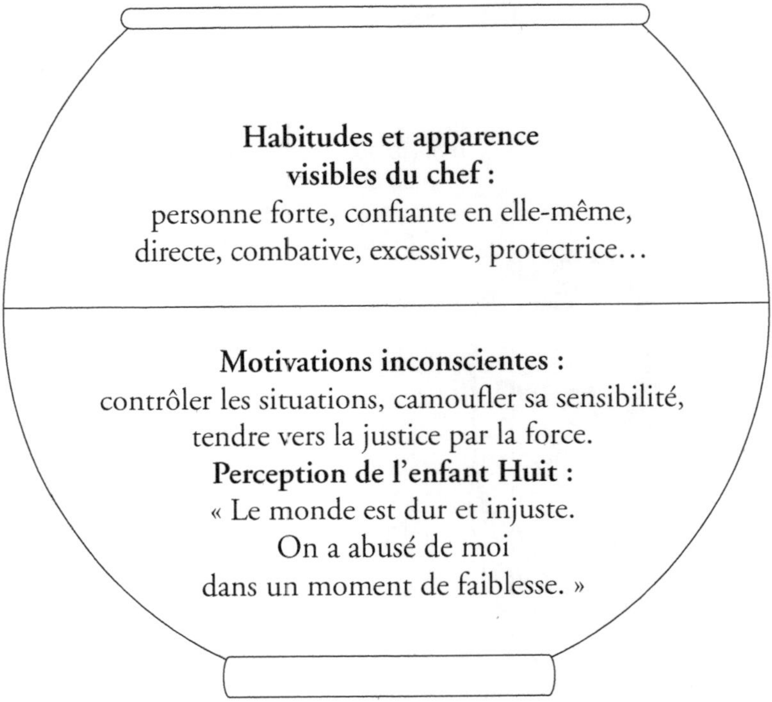

- **Il aime :**
  - contrôler;
  - maîtriser l'information;
  - dominer l'espace, les choses, les gens;
  - prendre position et engager l'action;
  - corriger l'injustice et protéger le faible;
  - foncer droit devant;
  - le combat;
  - que l'on dise la vérité, quelle qu'elle soit. Il aime que l'on joue « cartes sur table »;
  - que l'on soit consistant.

- **Il n'aime pas :**
  - le flou, le mensonge, la rétention d'information;
  - qu'on abuse des faibles;
  - les mous;
  - ceux qui changent souvent d'avis, ceux qui louvoient;
  - ne pas savoir où vous situer.
- **Il entre en conflit :**
  - par jeu, pour tester vos limites, pour vous cerner;
  - souvent, pour un oui, pour un non, pour évacuer la pression. C'est pour lui une façon de s'exprimer comme une autre;
  - violemment, s'il y a ambiguïté, duperie ou double langage.
- **Il est satisfait de sa journée si :**
  - il a abattu beaucoup de boulot;
  - il a gagné une épreuve de force;
  - il a fait réparer une injustice.
- **Qualités essentielles :**
  - le courage;
  - la détermination;
  - la protection : la puissance mise au service de ses proches;
  - la persévérance;
  - l'honnêteté;
  - la volonté;
  - la franchise;
  - la force.
- **Mots importants :** force, justice, contrôle… sont présents dans le vocabulaire du Huit.
- **Motivations principales :** le Huit veut profondément être reconnu pour sa force physique et morale. Il veut également avoir la maîtrise de son environnement, contrôler et protéger son entourage.
- **Vision du monde :** « Le monde est injuste. Je dois être fort et réparer les injustices. »

- **Peur :** le Huit a peur de l'injustice.
- **Placement de l'attention :** sur les rapports de force.
- **Passion :** l'excès. La peur de la faiblesse provoque chez le Huit l'excès. Il manifeste sa puissance en devenant excessif en tout : trop de boisson, trop de nourriture, trop de travail, trop de sport… afin de prouver qu'il existe.
- **Vertu :** l'innocence. L'innocence est un état dans lequel le Huit lâche prise, accueille l'autre, la vie, sans tout vouloir maîtriser. Il devient capable de modération.
- **Compulsion :** il évite la faiblesse.
- **Centre dominant :** le centre instinctif.
- **Blessure de l'enfance :** enfant, le Huit aurait vivement ressenti l'injustice et la rudesse du monde. Il en aurait tellement souffert qu'il en aurait conclu qu'il est dangereux de se montrer faible et qu'il vaut mieux ne s'appuyer que sur soi-même pour que règne la justice. Il aurait donc appris à être fort, à cacher sa vulnérabilité, à se faire respecter en recherchant si besoin le conflit ouvert.

Ressources et pièges possibles

Ressources	Pièges possibles
Dur à la tâche. Grande capacité de travail, surtout quand il est motivé.	Peut devenir rigide ou dirigiste, impatient face à l'hésitation ou à la lenteur des autres.
Bonne aptitude au commandement, doublée d'une forte implication pour la justice. Volontiers protecteur du faible.	Peut devenir trop dominateur et engendrer le ressentiment et la résistance.

Ressources	Pièges possibles
Disposé à lutter jusqu'au bout pour ce qu'il veut, n'a pas peur du conflit, au contraire.	Parfois trop agressif ou prenant plaisir à rechercher la confrontation.
Sait imposer le respect. Fervent de l'équité et du style de communication direct.	A du mal à tolérer les faiblesses des autres.
Capable de chaleur, de générosité et d'une attitude protectrice envers son équipe.	Tendance à surprotéger son équipe, ce qui peut poser problème pour s'adapter aux nécessités de la situation.
La perception de soi se traduit principalement par le besoin de se sentir libre, de ne pas être contrôlé.	Peut refuser d'admettre ses propres limites et les pousser jusqu'au point de rupture.
Veut éviter de montrer la moindre marque de faiblesse ou de vulnérabilité.	Pourrait éviter de demander de l'aide ou du soutien, même quand c'est crucial.

Au mieux	Au pire
Utilise sa puissance à bon escient, entre autres pour protéger et défendre les membres de son équipe.	Excessif, agressif.
Clair dans son autoritarisme.	Arrogant, intransigeant.

Entretien avec un Chef

Franck, 44 ans, directeur

Comment vous définiriez-vous ?

Comme un fonceur qui sait ce qu'il veut. On peut compter sur moi. Je suis quelqu'un de fort et de juste. J'aime diriger, contrôler les situations.

Quel regard posez-vous sur le monde ?

Le monde n'est pas facile. Il est souvent injuste. Il ne faut pas mollir pour s'en sortir !

Comment fonctionnez-vous au travail ?

Je suis chef dans l'âme et en général ça file droit. J'ai du mal à nuancer ma vision des choses. C'est plutôt tout ou rien. Mais, bon, je peux me montrer compréhensif si les personnes sont de bonne volonté. Par contre, pas de cadeau pour ceux qui cachent leur jeu, ceux qui mentent. En général, je m'entoure de collaborateurs fiables en qui je peux mettre ma confiance. Des collaborateurs « consistants » sur qui je peux compter. J'aime qu'ils soient directs et francs avec moi.

Et avant d'être directeur ?

J'ai été le subordonné d'un chef ! J'ai eu deux expériences. L'une heureuse et l'autre malheureuse. J'ai toujours eu du mal à recevoir des ordres, même enfant. Alors, dans mon premier poste, cela a été parce que je respectais mon directeur. C'était un homme robuste, franc du collier. Un peu comme un père pour moi qui avais à l'époque une vingtaine d'années. Pour l'autre expérience, ça n'a pas été du tout. Je n'aimais pas l'autorité en place. Je n'étais pas d'accord avec elle. Je suis parti.

Et au niveau de votre vie affective ?

La force que je montre à l'extérieur, je la montre autrement à la maison. Je reste toujours prêt à défendre ceux que j'aime surtout s'ils sont fragiles et qu'ils sont victimes d'injustice. Mais à ma femme, je peux confier des secrets. Oser montrer ma vulnérabilité.

Et la colère dans votre vie ?

Ça, c'est le point délicat de ma vie ! Comme je suis entier, j'ai pas le temps de dire ouf et c'est déjà parti. Je râle, je recadre un peu fort celui qui le mérite. C'est un peu une tornade qui passe. Mais ça passe vite et quand c'est fini, c'est vraiment fini. J'ai oublié. On part sur de nouvelles bases.

J'essaye de progresser à ce niveau surtout à la maison. Mes garçons m'ont exprimé la peur qu'ils ressentaient dans mes moments de colère. Je n'hésite pas à venir vers eux pour m'exprimer après la tempête. C'est ma manière de me montrer fort. Je les aime.

9 recommandations aux personnes de type 8

– Développez le potentiel de votre équipe en déléguant davantage. Donnez du pouvoir aux gens. Évitez votre penchant à prendre un ton menaçant ou désapprobateur pour faire activer les choses.
– Modérez votre esprit de confrontation d'une manière appropriée à la situation. Démontrer votre force peut vous aliéner les gens. Ne mettez pas en place un schéma dans lequel les autres vous craignent ou vous fuient. Vous aurez autant besoin de leurs informations que de leur coopération.
– Évitez de compenser les défauts de l'organisation ou du personnel en essayant de faire le maximum par vous-même. Travaillez plutôt à créer une dynamique de groupe.
– Vous êtes enclin à vouloir protéger tous ceux qui en ont besoin. Cela peut nuire à votre disponibilité. Laissez les autres prendre soin d'eux-mêmes.
– Votre force apparente peut tromper votre entourage et faire croire que vous n'avez ni désirs ni sentiments. Donnez-leur les moyens de savoir que vous avez aussi de la sensibilité.

– Attendez-vous à ce que les gens travaillent souvent mieux à leur rythme.
– Sachez prendre le temps d'écouter, de mettre les autres en valeur plutôt que de les ignorer ou de les dominer.
– Évitez l'attitude trop dominatrice, dictatoriale, qui empêchera la mise en valeur du potentiel humain de votre équipe.
– Tendez vers l'ouverture sur les autres possibles, la tolérance et l'enthousiasme. Renoncez aux idées préconçues ou attitudes défensives, au « tout contrôle » et restez ouvert.

Comment aider une personne de type 8 ?

- **En formation**, le type 8 apprend si :
  - vous apparaissez solide, juste et compétent ;
  - vous acceptez une certaine dose de contestation ;
  - vous allez rapidement au cœur du sujet (il est impatient avec ceux qui « délayent ») ;
  - vous êtes clair dans les rapports humains ;
  - il ne se sent pas contrôlé en permanence (il aime avoir la liberté d'atteindre l'objectif dans les délais à sa façon) ;
  - il a des responsabilités et beaucoup de travail.
- **Au travail**, pour le motiver :
  - communiquez avec conviction, impliquez-vous ;
  - démontrez votre aptitude au commandement : soyez clair et consistant ;
  - encouragez la participation active ;
  - gardez le contact même s'il semble conflictuel ;
  - donnez-lui beaucoup de travail ;
  - il aime agir et agir vite, assurez-vous qu'il reçoive rapidement l'ensemble des informations ;
  - gardez un œil sur son impulsivité.

- **Dans une relation amicale ou amoureuse :**
  – faites-lui comprendre que s'il montre ou exprime sa vulnérabilité, votre affection n'en sera pas modifiée;
  – proposez-lui des activités où son énergie débordante pourra se libérer (chantiers de grande envergure, comme restaurer une maison ou organiser un repas pour 25 personnes, sports tels que la course à pied, le rugby…).

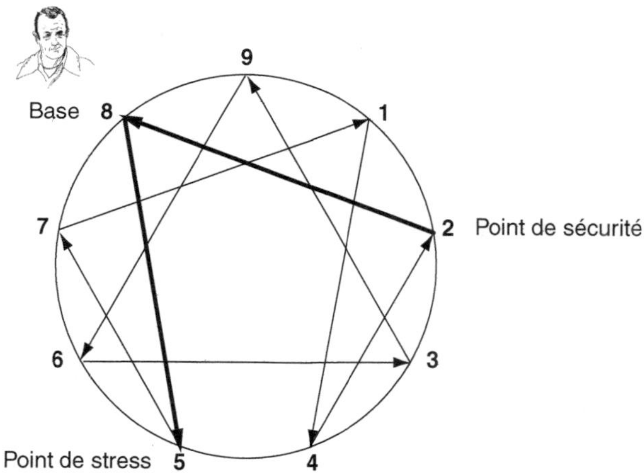

Figure 10.1 ■ Dynamiques du profil 8

Le médiateur

Le médiateur est une personne paisible, à l'écoute des autres, recherchant l'harmonie.
Diplomate dans l'âme, il essaye d'éviter la confrontation, et d'une manière générale tout conflit (interne et externe à lui). Aussi a-t-il tendance à ne pas prendre position, à comprendre un avis et son contraire, à être indécis pour ses propres choix de vie. Compréhensif, il pose un regard bienveillant sur le monde.
Pour le Neuf, la vie est médiation.

Construction psychologique du type 9

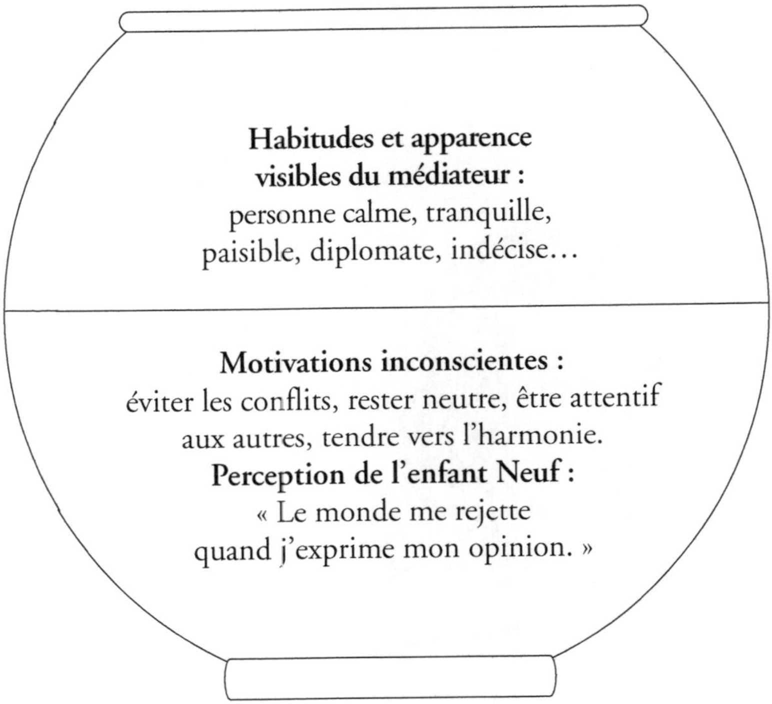

- **Il aime :**
  - la tranquillité, l'harmonie, le confort;
  - prendre son temps, ne pas être bousculé;
  - vous écouter;
  - la nature;
  - une certaine routine, des emplois du temps stables;
  - les compromis;
  - l'existant;
  - prendre le temps de vivre.
- **Il n'aime pas :**
  - le conflit;

- le bruit ;
- prendre une position tranchée ;
- dire non ;
- l'impatience ;
- les initiatives impromptues.

- **Il rentre en conflit si :**
  - vous l'obligez à prendre position ;
  - vous ne lui laissez pas le temps de se mettre en route (principe de l'inertie) ;
  - vous l'obligez à terminer son travail illico ;
  - vous l'agressez.

Précisons ici, que le type 9 rentre rarement en conflit direct, retarde très souvent ce moment.

- **Il est satisfait de sa journée si :**
  - la journée a été normale, stable ;
  - un conflit a trouvé une solution ;
  - le téléphone n'a pas trop sonné ; s'il a pu avancer son travail dans le calme, à son rythme.
- **Qualités essentielles :**
  - la tranquillité ;
  - la bienveillance ;
  - l'attention aux autres ;
  - la prévenance ;
  - la diplomatie ;
  - l'écoute ;
  - la force paisible ;
  - la capacité d'adaptation ;
  - le non-jugement.
- **Mots importants :** tranquillité, paix, harmonie, calme, écoute… sont présents dans le vocabulaire du Neuf.
- **Motivations principales :** le Neuf veut profondément être reconnu pour sa présence calme et paisible. Il recherche la

fusion, la tranquillité, la routine. Il souhaite surtout éviter les conflits, les tensions.

- **Vision du monde :** « Mon point de vue ne compte pas vraiment. Ne faisons pas de vagues. Restons tranquille et tout ira bien. »
- **Peur :** le Neuf a peur du conflit.
- **Placement de l'attention :** sur l'atmosphère.
- **Passion :** la paresse. Par peur du conflit, le Neuf rentre dans la paresse. Il devient nonchalant, confond le primordial et le secondaire, tait son avis pour avoir la paix…
- **Vertu :** l'action juste. L'action juste pour le Neuf est de faire ce qu'il faut au moment où il lui apparaît qu'il est juste de le faire. Cette vertu va de pair avec la conscience d'amour : le Neuf est digne d'être aimé, il n'est plus nécessaire de se nier ou de s'oublier soi-même.
- **Compulsion :** il évite le conflit, en lui et autour de lui.
- **Centre dominant :** le centre instinctif.
- **Blessure de l'enfance :** enfant, le Neuf se serait senti pris entre deux points de vue contraires. Il aurait perçu qu'il n'était pas écouté, que son opinion avait peu d'importance, voire qu'elle provoquait des conflits. Il en aurait conclu qu'il est préférable de se faire oublier, de s'adapter à son environnement afin d'obtenir l'harmonie. Il aurait tu la colère qu'il ressentait.

Ressources et pièges possibles

Ressources	Pièges possibles
Préfère une structure stable avec des rôles et des règles clairement définis.	Peut rester figé dans un comportement machinal, dépourvu de créativité ou d'initiative.

Ressources	Pièges possibles
Responsable et sérieux, il est soucieux de concilier les attentes des uns et des autres.	Son souci de satisfaire tout le monde peut lui faire oublier la notion d'urgence.
Recherche l'harmonie et sait l'importance du groupe.	Peut s'effacer et ne pas faire valoir ses idées de peur de provoquer un possible conflit.
Aime établir une routine journalière stable, avec un rythme régulier, et une tendance au laisser aller dans la routine.	Difficulté à cerner les priorités ou à penser en dehors des schémas familiers, peut être lent à opérer les changements nécessaires.
Son air tranquille rassure et facilite les contacts, sera souvent choisi pour présider des réunions.	A du mal à déterminer sa position sur certains problèmes et peut manquer de discernement.
A fondamentalement besoin d'un cadre calme et de structures familières.	Peut devenir physiquement ou intellectuellement démotivé.
Médiateur, doté d'excellentes qualités diplomatiques.	A du mal à déterminer son point de vue.

Au mieux	Au pire
La force tranquille : une fois en action, très efficace.	Paresseux et buté, forme d'agressivité passive ou bien effacement total, sans implication.

Entretien avec un Médiateur

Étienne, 35 ans, ingénieur

Comment vous définiriez-vous ?

Comme quelqu'un de gentil, conciliant, à l'écoute, facile à vivre.

Quel regard posez-vous sur le monde ?

Je pose un regard de bienveillance. Pour moi, il n'y a pas les bons d'un côté et les mauvais de l'autre. Il y a une part de bon dans chaque personne.

Comment fonctionnez-vous au travail ?

Avant de connaître l'ennéagramme et d'avoir fait un travail sur moi, je ne savais pas définir les priorités. L'urgence à traiter, c'était toujours la dernière demande. Maintenant, j'ai deux approches. Comme j'ai tendance à oublier les choses, quand j'ai quelque chose que je peux faire en trente secondes (envoyer un mail…), alors je le fais sans remettre au lendemain ce que je peux faire tout de suite. Si c'est quelque chose qui demande de la réflexion et du temps, alors je fais une copie papier de la demande et je mets dans « à traiter ». Au moins, j'ai un dossier physique.

Dans une réunion, j'écoute ce qui se dit. Je perçois facilement tous les points de vue mais n'hésite pas à exprimer le mien avec un allant parfois démesuré. Je me souviens qu'au début de ma vie professionnelle, je me faisais piéger. Il m'arrivait d'être davantage conscient des positions des autres et de leurs priorités que des miennes. Aujourd'hui, je suis content quand le bilan de la réunion se traduit par une décision qui est collégiale et intelligente.

Et au niveau de votre vie affective ?

Je recherche l'harmonie, être bien avec. J'aime que la relation soit confortable.

Et la colère dans votre vie ?

Ma colère est rarement exprimée mais quand elle l'est, elle est à contretemps. Elle monte et explose.

9 recommandations aux personnes de type 9

– Votre préférence pour la prise de décision collective doit être compensée par un style de direction autoritaire. N'hésitez pas à être directif quand il le faut même si cela doit mécontenter.

– Dispensez-vous d'un comportement tour à tour passif ou agressif, d'entêtement ou de retrait. Vous décevez quand, pensant avoir votre accord, vos collaborateurs découvrent plus tard que votre silence était négatif. Efforcez-vous de reconnaître et d'exprimer clairement votre désaccord, votre opposition ou votre colère.

– N'oubliez pas l'utilité du conflit. Parfois, autorisez et encouragez la confrontation ou la discussion entre les gens. Si vous tentez d'harmoniser ou de résoudre les problèmes trop rapidement, vous risquez d'interrompre un processus nécessaire.

– Faites attention à vos propres frontières. Ayez l'œil quand vous vous identifiez aux autres, probablement en vous appropriant leurs sentiments ou leurs désirs. Observez si vous surcompensez cette tendance en établissant des barrières à l'aide de règles ou de discussions excessives.

– Vous êtes excellent dans la création de situations agréables ainsi que dans l'instauration de relations sociales sur le lieu de travail. Contrebalancez cela par une concentration sur les résultats pratiques et la productivité.

– Si votre schéma consiste à être submergé par le travail à faire, décomposez-le en étapes spécifiques et avancez pas à pas. Demandez de l'aide si nécessaire. Créez-vous des limites selon la quantité de choses que vous pouvez faire ou auxquelles vous pouvez penser en même temps.

– Si votre schéma consiste à vous limiter à un modèle familier de comportement ou de pensée, ouvrez-vous à de nouvelles possibilités ou à de nouvelles manières d'aborder les problèmes.

– Évitez de perdre le fil des priorités et de ne plus faire attention à ce qui est important de suivre des schémas établis et la routine, ainsi que de fuir les changements ou de ne pas prendre les mesures nécessaires pour favoriser une évolution.
– Affermissez le sens des priorités, la notion de l'essentiel. Motivez les autres et vous-même à avancer vers l'objectif défini. Usez de discernement pour prendre des décisions fondées sur la connaissance des faits, au lieu de se raccrocher à l'existant qui rassure.

Comment aider une personne de type 9 ?

- **En formation**, le type 9 apprend si :
  - il a une vision globale des choses, la cohésion de l'ensemble;
  - l'atmosphère est conviviale, l'équipe unie;
  - il se sent à l'aise dans son environnement;
  - il y a une certaine stabilité dans les objectifs et les directives;
  - on rappelle régulièrement les priorités;
  - il peut mettre en place certaines habitudes, pour se sécuriser;
  - il y a une constance dans le tempo.
- **Au travail**, pour le motiver :
  - rappelez régulièrement les priorités et le contexte;
  - prenez le temps de créer le contact. Laissez lui le temps de s'adapter;
  - si vous souhaitez lui parler, choisissez un moment où vous n'êtes pas trop pressé. Instaurez le rapport posé dont il a besoin pour s'exprimer;
  - n'hésitez pas à utiliser ses qualités de médiateur et sa capacité d'écoute pour résoudre des situations délicates;
  - un feed-back périodique est important;
  - rappelez-lui que votre porte est ouverte : il a besoin de vous savoir disponible.

- **Dans une relation amicale ou amoureuse :**
  - écoutez-le;
  - invitez-le à exprimer son opinion;
  - laissez-lui le temps de choisir, de faire des propositions de sorties, de vacances… ;
  - faites-le réfléchir à des objectifs concrets et proches à atteindre.

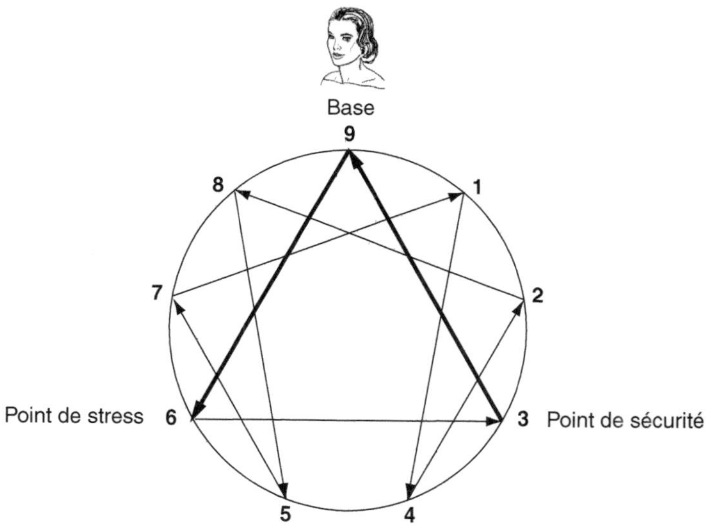

Figure 11. Dynamiques du profil 9

Synthèse

Comme nous l'avons décrit précédemment, tout au long de sa vie, l'attention d'une personne, selon qu'elle est de tel ou tel profil, se portera plutôt sur :

- l'erreur, le bien/le mal pour le type 1
- les besoins des autres pour le type 2
- les objectifs et l'image appropriée pour le type 3
- ce qui manque pour le type 4
- l'intrusion, la rareté des ressources pour le type 5
- l'insécurité et autres sources de doute pour le type 6
- les options plaisantes, positives pour le type 7
- le pouvoir et le contrôle pour le type 8
- les distractions secondaires pour le type 9

Dans le tableau ci-après, nous présenterons la manifestation positive et négative de chacune des façons d'être au monde.

Tableau 12.1 ■ Manifestations positive et négative de l'attention

Profil	Manifestation positive	Manifestation négative
1	Son attention portée vers le bien et le mal fait de lui une personne droite, digne de confiance.	L'attention portée vers l'erreur est comparable à du harcèlement interne : le 1 entend de façon quasi permanente son juge intérieur.
2	Grâce à son attention portée vers les autres, le monde du 2 devient plus solidaire et chaleureux.	Le 2, en voulant aider l'autre malgré lui, entre dans le processus appelé triangle dramatique et n'en ressort pas indemne !
3	Le 3, tendu vers l'objectif, est extrêmement efficace.	Tellement soucieux de son image, il a du mal à trouver la limite entre mensonge et vérité. Il ne sait pas qui il est profondément.
4	Le 4 recherche la profondeur, l'authenticité dans les relations humaines.	Son attention portée vers le manque le porte à la mélancolie.
5	Son attention portée vers la rareté des ressources mène le 5 à une grande maîtrise d'un sujet; il en devient le spécialiste.	La crainte de l'intrusion fait de lui une personne distante. Il est très facilement sujet à la rétention d'informations.

Profil	Manifestation positive	Manifestation négative
6	Le 6, grâce à son attention portée vers l'insécurité et les dangers potentiels, se montre une personne clairvoyante, intuitive et loyale.	La peur et le doute handicapent le 6 qui ne sait pas quelle direction prendre avant d'avoir demandé conseil à de nombreuses personnes de confiance.
7	Le 7 porte spontanément son attention vers les aspects positifs d'une situation, ce qui fait de lui une personne optimiste, positive.	Le réel parfois lui échappe, en particulier lorsqu'il est difficile, douloureux.
8	L'attention portée sur le pouvoir, les rapports de force, le contrôle fait du 8 une personne douée d'une autorité naturelle et auprès de qui le plus fragile se sent en sécurité.	Avec ce désir de tout maîtriser, tout régenter, le 8, réticent à montrer sa vulnérabilité, apparaît parfois comme un tyran.
9	En voyant spontanément le pour et le contre d'une situation, le 9 se montre très humain, tolérant, bienveillant.	Le 9 a des difficultés à prendre sa vie en main, confondant l'essentiel et le secondaire. Considérant les autres avant lui-même, il a du mal à savoir ce qu'il veut réellement.

Partie 3

Champs d'application de l'ennéagramme

Les questions auxquelles répond cette partie :

- À qui ça sert ?
- Exemples d'utilisations professionnelles.
- Témoignages dans le milieu du travail.
- Éducation des enfants.
- Vie de couple.
- Développement personnel.
- Développement spirituel.

À qui ça sert ?

- À tous ceux qui veulent mieux se connaître et comprendre leurs proches.
- À ceux qui s'intéressent au développement personnel et aux relations humaines.
- Aux parents.
- À ceux qui vivent en couple.
- À ceux qui travaillent.

Actualités de l'Ennéagramme

C.I.A.

Juin 1994. Langley, États-Unis.

La scène se passe dans « la bulle », l'auditorium top secret de la CIA à Langley, en Virginie.

Délaissant pour quelques jours leurs gadgets électroniques, une centaine de sobres analystes étudient l'ennéagramme, afin de mieux comprendre les gouvernements étrangers (d'après Michael Goldberg, *Enneagram Monthly*, 1994).

Certaines sources prétendent même que la CIA aurait consulté des spécialistes de l'ennéagramme lors de la première guerre du Golfe pour préciser le profil de Saddam Hussein afin de déterminer si l'invasion du Koweit était un coup de bluff sans suite ou une véritable attaque.

Deuxième journée internationale de la femme

Mars 1996. Pékin, Chine.

Deuxième Conférence Internationale des Femmes, réunissant plusieurs centaines de femmes du monde entier. Cette conférence est axée sur les droits des femmes dans le monde.

Fin d'après-midi du deuxième jour, à la machine à café, le mot ennéagramme apparaît. Le soir même, une trentaine de femmes de treize nationalités différentes finiront la soirée fort tard, dans l'arrière-salle de la cafétéria, à dessiner le diagramme de l'ennéagramme sur des bouts de nappes en papier, stupéfaites d'être alors aussi nombreuses à s'intéresser à cet outil.

D'après notre informatrice, la conversation tournait autant autour de l'éducation des enfants et de la vie de couple que sur la vie professionnelle.

Pédagogie et retraite spirituelle

Octobre 1997. Rome, Italie.

La congrégation Saint-Jean-Baptiste de la Salle a pour vocation de former des frères-instituteurs qui iront enseigner aux enfants dans les coins les plus déshérités de la planète. Les frères vivent quatre ans sur le terrain et un an à la maison-mère pour se retrouver et se former à de nouveaux outils pédagogiques.

Cette année-là, l'ennéagramme a été choisi comme fil rouge de leur retraite, notamment pour mieux gérer les personnalités difficiles qu'ils rencontrent. Ils sont 90 répartis en trois groupes : les hispanophones sont avec Maïte Melendo venue spécialement de Madrid (auteur du livre *En tu Centro : el Enneagrama*), les anglophones sont avec une religieuse du Vatican et les francophones sont avec un formateur de la tradition orale. Le même stage a donc lieu en trois langues simultanément dans trois salles différentes.

Les frères témoigneront de la puissance de l'outil, notamment au niveau de la compréhension et de l'acceptation de soi.

Commerce et artisanat

Hiver 1998. Reims, France.

Un centre de gestion agréé s'occupe notamment de la comptabilité des artisans et commerçants. Avec le temps, d'autres activités se sont greffées, comme la formation. Le thème de cette session, choisi conjointement avec le directeur du centre, est : « Apprendre à mieux gérer les clients difficiles. »

Il y a dans la salle une vingtaine de personnes : viticulteurs, agriculteurs, restaurateurs, coiffeurs, épiciers, boulangers et d'autres commerçants spécialisés : agence matrimoniale, auto-école, ou encore la gérante du magasin de lingerie fine !
La session a lieu sur plusieurs lundis consécutifs, leur jour de fermeture. La question : « Qu'est-ce qu'un client difficile ? » provoque des éclats de rires. Ils pensent aux mêmes clients : Monsieur X qui habite à côté de la mairie et qui aboie plus qu'il ne parle, Madame Y qui vient de la rue du Marché et qui est si timide, l'ancien instituteur qui parle beaucoup sans qu'on sache vraiment ce qu'il veut, etc.
En trois journées de formation, ils auront le sentiment de mieux comprendre la personnalité de ces clients difficiles et donc d'être plus à l'aise avec eux.

Recherche d'emploi

Novembre 1999. Sarcelles, France.
Sophie L., dirige un centre de réinsertion de chômeurs de longue durée ne sachant ni lire, ni écrire. Sophie a déjà suivi plusieurs stages sur l'ennéagramme et propose de transmettre cet outil à ses chercheurs d'emploi.
Le groupe comporte quatorze participants et la mission dure trois jours, pour les aider à mieux se connaître. Grâce aux vidéos et aux autres outils pédagogiques de la tradition orale, deux tiers d'entre eux identifieront correctement leur profil et les autres auront le sentiment de mieux comprendre leurs proches.

Psychologie

Avril 2000. Prague, République tchèque.
Dans l'auditorium de l'Université, David Daniels anime une journée de présentation à l'ennéagramme devant deux cents psychologues venus des quatre coins du pays. Standing ovation.

David a, depuis, lancé à Prague son programme de formation professionnelle à l'ennéagramme.

Humanitaire

Juin 2000. Paris, France.

La première rencontre intitulée « Ennéagramme et Vie chrétienne » réunit une soixantaine de participants de différentes congrégations dont Pascal Ide, prêtre, auteur du livre *L'Ennéagramme, les Neuf Portes de l'Âme* et Georges Dorner, qui représente l'association l'Arche de Jean Vanier, un organisme qui accueille dans ses communautés des personnes qui ont un handicap mental.[1]

Les animateurs de cette communauté se forment à l'ennéagramme et estiment pertinente son utilisation dans ce cadre exceptionnel.

Reconversion professionnelle

Septembre 2001. Nantes, France.

Une des plus grandes entreprises régionales doit fermer un département de plus de cent employés. Plutôt que de les licencier, elle souhaite reconvertir ses employés dans un nouveau service relié par Internet. Problème, il faut former de A à Z tous ces employés à une technique dont ils ne connaissent rien.

Un appel d'offres est envoyé à plusieurs adresses spécialisées dans l'organisation et la formation. C'est la Chambre de Commerce et d'Industrie de Nantes qui est finalement choisie.

Le programme élaboré alterne la formation technique et les stages pratiques. L'ennéagramme servira de fil rouge, avec deux

1. Plus d'informations sur le site de l'association : www.arche-france.fr.

interventions majeures, au début et à la fin du parcours de reconversion, afin de faciliter la remise en question de soi, d'acquérir des repères sur la personnalité et d'augmenter la confiance en soi. L'opération sera un succès.

Psychothérapie

Juin 2002. Zurich, Suisse.

L'Association des Psychologues/Médecins psychiatres/Psychothérapeutes de Suisse alémanique a proposé à ses membres une journée de formation intitulée « Mécanismes de défense et ennéagramme ». Soixante participants.

En fait, l'ennéagramme est relativement connu en Suisse. Le premier livre apparu en Europe sur ce thème est en effet le livre de Richard Rohr, *Les neuf visages de l'âme*, paru en Allemagne et en Suisse au début des années 1990.

Après quelques données théoriques, l'expérience des panels va, encore une fois, démontrer son efficacité. Les témoignages de cas pratiques se multiplient. À la plus grande satisfaction des participants.

Rappel

Le panel est la base de la tradition orale. Il consiste à demander à plusieurs participants d'un même profil de témoigner ensemble sur leur fonctionnement. Leur témoignage peut être très simple, comme : « Hier, j'étais à la pharmacie, un client a essayé de me doubler et je suis rentré dans ma problématique de sentir une colère énorme monter en moi et de ne pas oser l'exprimer. » Naturellement, avec les psychologues, les témoignages étaient d'un ordre différent, mais le principe du panel permet de bien apprécier les différences entre les types.

Œcuménisme

Août 2003. Berlin, Allemagne.
Helen Palmer et Richard Rohr co-animent trois jours de formation sur « l'ennéagramme œcuménique » devant deux cents personnes dont des pasteurs, des prêtres, un rabbin et un moine zen qui auront l'occasion de témoigner de la pertinence de l'outil dans leurs métiers d'accompagnement spirituel.

Quête de sens

Septembre 2004. Institut Waldzell, Melk, Autriche.
Helen Palmer est invitée à la première réunion de cet institut qui veut débattre de « La quête de sens de notre société » (voir Waldzell.org).
Parmi les autres invités[1] :

- Shirin Ebadi, iranienne, prix Nobel de la Paix 2003 ;
- Günter Blobel, allemand, prix Nobel de Médecine ;
- Kary B. Mullis, américain, prix Nobel de chimie ;
- Anton Zeilinger, autrichien, chercheur en physique quantique…

Le point de vue qu'Helen Palmer a avancé est que l'ennéagramme peut aider ceux qui veulent réguler leur réactivité et aller vers davantage de paix intérieure. Elle a également créé un lien entre ses deux spécialités : l'ennéagramme et le développement de l'intuition.

Management

Novembre 2004. Jouy-en-Josas, France.
L'équipe de direction d'une des cinq plus grandes entreprises françaises a demandé à HEC Management de concocter trois

1. L'écrivain Paolo Coelho était invité ; il participera à la session suivante, en 2005.

jours de séminaire de cohésion d'équipe autour du thème : « Mieux se connaître pour mieux travailler ensemble. »

L'équipe d'HEC a pensé à l'ennéagramme.

L'animateur va donc proposer exercices et interactions à une quinzaine d'ingénieurs et de managers d'envergure mondiale. Les questions fusent. Bien sûr, le stage restera plutôt mental… difficile de proposer des exercices sur les émotions à des ingénieurs en si peu de temps.

Toutefois, l'écoute est active et la dynamique des flèches séduit particulièrement. Au point que dans leur évaluation sur la pertinence de l'outil et son utilité dans leur travail, la moyenne des notes sera de 4,85 sur 5, soit une des dix meilleures notes de l'année sur six cents interventions.

Cohésion d'équipe

Décembre 2005. Athènes, Grèce.

Là encore, stage de cohésion d'équipe pour dix cadres de la filiale grecque d'un grand groupe français.

Depuis quelque temps, le directeur financier ne parle plus au directeur commercial, qui a lui-même du mal avec le directeur informatique… La mission consiste à débloquer la situation en trois jours.

La prise de contact est glaciale. Les participants sont sceptiques et bras croisés. Là encore, la puissance de l'outil opère. La première présentation interpelle : « Imaginons que vous vous placiez tous autour du cercle et que vous mettiez la vérité au milieu, cela voudrait dire que personne n'a raison et que personne n'a tort. Il y aurait simplement différents points de vue. Donc, quand vous ne comprenez pas quelqu'un, cela ne sert à rien ni de s'énerver, ni de l'injurier, il vaut mieux essayer de le comprendre, *de son point de vue.* »

Au fil du séminaire, les langues se délient et la communication reprend. Le chef d'équipe, un an plus tard, constate toujours une communication retrouvée et épluche les livres sur l'ennéagramme, en attendant de participer à un stage à son retour en France.

Multiculturel 1

Février 2006. Pondichéry, Inde.
L'Inde, le pays aux cent langues et dialectes. Ce stage d'initiation regroupe dix-huit participants de plusieurs provinces : hommes d'affaires, institutrices, professeurs de yoga, commerçants, membres de l'ashram de Sri Aurobindo… Il a lieu en bilingue français/anglais, plus traduction pour certains en hindi. Énorme engouement. Au point que le Consul de France viendra demander des précisions sur ce stage ! L'opération sera répétée à plus grande échelle en 2007.

Multiculturel 2

Janvier 2007. Téhéran, Iran.
Soixante participants venus de plusieurs villes sont venus pendant trois jours participer à ce stage sur les sous-types, une première dans ce pays. Il y a là des cadres supérieurs, des professeurs d'université, des instituteurs, des religieux modérés et deux fondamentalistes. Un tiers d'hommes, deux tiers de femmes, à peu près la même proportion qu'en France. Le développement personnel se répand rapidement dans ce pays. La plupart des participants pratiquent le yoga et la méditation et ont une bonne connaissance de l'ennéagramme et de l'analyse transactionnelle. Les éditeurs ne s'y trompent pas et nombre de livres commencent à paraître sur ces divers sujets. Les panels ont été riches de témoignages et la facilité de parole a été au moins aussi fluide qu'en France.

Synthèse

L'ennéagramme existe aujourd'hui sur les cinq continents. Il couvre tous les secteurs d'activité. Ses champs d'application sont larges, de l'éducation au management, en passant par le sport et la spiritualité. À l'issue d'une formation, la quasi-totalité des participants évoquent une sorte de déclic, une prise de conscience sur soi-même et sur l'autre, un changement de perspective.

L'ennéagramme au travail

Josh Baran, consultant en communication
« Tous les autres systèmes de personnalité paraissent ternes en comparaison. Dès que vous avez décodé le diagramme, votre vue du monde change radicalement. Vous pouvez accéder à de nouvelles profondeurs de vous-même, voire dans celles de vos proches. »

Barney Sofro, PDG d'une entreprise de bouches d'aération
« L'ennéagramme accroît instantanément la capacité à embaucher et à gérer le personnel, mais ce n'est pas tout : s'il m'a aidé à prendre de meilleures décisions professionnelles, il a surtout considérablement amélioré mes relations avec mon entourage. »

En France, ce que nous constatons au fil des stages, c'est que quel que soit le métier, les participants vont s'en servir professionnellement parce qu'ils peuvent valider la pertinence de l'outil sur leur conjoint et leurs enfants. Ou le contraire, ils vont oser l'utiliser sur le plan privé parce qu'ils l'ont testé dans la vie professionnelle. En clair, les mêmes repères servent dans différentes situations et une première utilisation est possible rapidement dans les deux cas.

Valérie, 43 ans, consultante en ressources humaines
« Le programme de formation professionnelle à l'ennéagramme a été pour moi non seulement un énorme apport professionnel, mais aussi un vrai parcours de développement personnel.

Sur le plan personnel, j'ai compris ma manière de fonctionner. Cela m'a déculpabilisée et m'a permis d'interpréter l'inexplicable fonctionnement de certaines personnes.

Grâce aux exercices sur l'observateur intérieur, je travaille depuis un an et demi sur quand et comment se manifeste mon type. Cela a amélioré ma réactivité, et a également contribué à une meilleure intuition. Je vais continuer ce chemin et poursuivre ce développement de l'intuition.

Professionnellement, cela m'a permis d'appréhender les autres avec plus de bienveillance et de tolérance et de mieux savoir comment entrer en communication avec eux. Ma dynamique relationnelle s'est considérablement améliorée. »

Philippe, 38 ans, cadre

« Le programme de formation a été un beau voyage vers moi-même et vers les autres.

Cette formation m'a permis de sortir du brouillard et de pouvoir aujourd'hui me déplacer dans le labyrinthe de ma personnalité, carte et boussole en mains !

Même si je n'ai pas toujours le choix du chemin, je sais pourquoi je prends celui-ci ou celui-là et je discerne où sont les pièges et les impasses.

Dans mon activité professionnelle d'encadrement, l'ennéagramme m'apprend à mieux rencontrer, respecter et valoriser chacun dans sa différence tout en renforçant la cohésion d'équipe.

L'ennéagramme, selon le mode d'enseignement de la tradition orale, est une voie de transformation intérieure profonde, l'ouverture d'une porte vers son Être véritable, son essence. Cette transformation qui s'opère en moi est aujourd'hui une source de joie, de force et de liberté.

Je recommande à tous les "chercheurs du Soi" de se lancer dans la grande aventure qu'est cette formation ! »

Béatrice, 48 ans, psychothérapeute

« J'ai particulièrement apprécié le programme de formation professionnelle à l'ennéagramme pour l'approfondissement de la prise de conscience de mes mécanismes psychologiques.

Les panels sont vraiment une méthode d'enseignement remarquable et vivante.

J'utilise l'ennéagramme dans le cadre de ma profession pour offrir à mes clients un outil simple, efficace et concret de transformation et de cheminement vers leur être profond. »

Benjamine, 33 ans, formatrice en ressources humaines

« Grâce à l'ennéagramme, j'ai beaucoup amélioré une trop grande réactivité. J'ai également gagné en compréhension, en ouverture et en compassion pour les autres.

Aujourd'hui, je suis heureuse de pouvoir constater que les autres agissent selon un comportement comparable ou différent du mien, et de comprendre pourquoi.

Je me suis sentie en sécurité dans cette formation où le chemin du changement est balisé, expérimenté et a déjà fait les preuves de son efficacité.

Sur un plan personnel, j'ai pu l'appliquer dans l'éducation pour une meilleure compréhension de mes trois enfants. Et en tant que formatrice, l'ennéagramme m'a permis d'anticiper les réactions des stagiaires, d'anticiper leurs craintes et de les rassurer. »

Dominique, 45 ans, assistante de direction

« L'ennéagramme m'a beaucoup apporté dans ma vie quotidienne.

J'ai appris à mieux vivre les caractéristiques de mon type en tirant profit de mes points forts et en modifiant mon comportement pour sortir de mes automatismes.

L'enseignement selon la tradition orale m'a bien plu : les temps d'échanges et les partages d'expériences permettent une assimilation concrète et une ouverture d'esprit nécessaire dans la compréhension des autres. »

Guy, 54 ans, dirigeant d'un cabinet de recrutement

« Dans mon activité, j'étais insatisfait des outils comportementaux existants, et c'est à 54 ans que j'ai découvert l'ennéagramme.

J'y ai trouvé non seulement un outil dynamique pour comprendre les motivations et les aspirations des candidats, mais surtout un outil de développement personnel d'une grande profondeur. Il m'engage sur une voie de découverte intérieure. Il me permet d'accéder à un chemin de vie spirituelle et d'unité.

Le programme de formation professionnelle à l'ennéagramme est non seulement très pragmatique, mais il associe brillamment développement personnel et applications professionnelles. »

Hervé, 47 ans, coach

« L'ennéagramme m'a permis d'apprendre à me connaître, à m'accepter tel que je suis, sur un chemin progressif de découverte.

Cette pacification de mon être m'aide à mieux comprendre les relations, qu'elles soient privées ou professionnelles.

Dans la relation d'accompagnement, l'ennéagramme est une grille de lecture très riche.

Dans les stages de formation, j'ai trouvé beaucoup d'écoute, notamment dans le cycle Ressources Humaines, où la supervision des vidéos est très personnalisée. »

Jane, 48 ans, consultante en relations humaines, coach

« Avec l'ennéagramme, j'ai découvert mon scénario de vie : un fil rouge entre passé, présent et futur. J'ai pu mettre le doigt plus rapidement sur mes personnages intérieurs, conscients et inconscients.

Ce fut également un révélateur dans la compréhension de mes enfants et mon conjoint, l'accueil a fait place au jugement. Dans mon activité professionnelle, j'utilise régulièrement l'énnéagramme, que ce soit en coaching ou en bilan de compétences. »

Marie-Françoise, 51 ans, médecin-psychiatre

« J'ai apprécié la formation à l'ennéagramme, notamment par la pédagogie progressive qui permet de prendre le temps de digérer son type et de l'accepter. Dans cette phase, les états de projections sont importants et le risque est grand de choisir le type que l'on préfère plutôt que d'accepter le vrai que l'on est. Les modules sur trois jours sont particulièrement importants, car ils permettent un travail régulier sur l'observateur intérieur, qui s'est avéré fondamental pour ma propre évolution.

Au niveau de mes activités professionnelles, j'ai trouvé dans l'approche de l'ennéagramme un outil non seulement de connaissance de moi-même, mais aussi un moyen de prendre du recul face aux personnes d'autres types afin de mieux communiquer avec elles. C'est un bel outil de transformation, très concret, qui ne nécessite pas des années de psychanalyse.

Ce qui m'a le plus touché dans l'approche de la tradition orale, c'est l'ambiance chaleureuse, où le travail sur soi s'intègre dans un climat convivial, même s'il n'est jamais facile de se remettre en question. Cette atmosphère facilite le lâcher prise et, une fois franchi ce pas, il est bon de goûter la joie d'être soi. C'est vraiment une expérience qui vaut le coup. »

Philippe, 45 ans, expert-comptable

« L'étude et la pratique de l'ennéagramme m'ont beaucoup apporté, sur les plans personnel et professionnel. Sur le plan personnel, cela m'a permis de mieux me connaître et de me sentir beaucoup plus moi-même, sans avoir besoin d'afficher un masque.

Sur le plan professionnel, cela m'a permis de mieux discerner la personnalité de mes collaborateurs, d'adapter la nature de leur travail à celle-ci, de contribuer à leur épanouissement professionnel et, par là même, d'améliorer le fonctionnement de mon cabinet. »

Utilisations professionnelles de l'ennéagramme

- Identifier ses points forts et ses points faibles.
- Valoriser son potentiel.
- Améliorer la cohésion de l'équipe.
- Prévenir les conflits.
- Gérer les personnalités difficiles.
- Mieux s'adapter à un interlocuteur.

Ennéagramme et vie privée

Éducation des enfants

Johannesburg, Afrique du Sud, été 1998
Janet Levine, auteur de l'excellent ouvrage sur l'éducation des enfants *The Parenting Enneagram*, co-anime un stage prototype réunissant une trentaine d'adolescents de dix ethnies différentes. Objectif : l'ouverture à l'autre, le respect et la fraternité. L'ennéagramme sert de fil conducteur.
L'expérience est un succès, au sens où le cercle de l'ennéagramme favorise l'écoute et la communication. Les adolescents ont réussi à dépasser les préjugés pour entrer en contact les uns avec les autres. Au-delà des clans et des différences ethniques.

> **Bénédicte, commerciale, 40 ans, mariée, quatre enfants**
> Comme toute mère, j'aime autant chacun de mes enfants. Et pourtant, j'ai toujours eu une communication plus facile avec les deux du milieu qu'avec l'aîné et le plus jeune. Quand j'ai découvert l'ennéagramme, je me suis assez vite découverte en base 1. J'ai alors été fascinée de découvrir que les deux avec lesquels je m'entendais bien étaient les deux avec lesquels j'étais reliée par une flèche : le Quatre et le Sept. Mais surtout, j'ai pu poser des questions à des participants représentant les bases des deux autres et avoir des réponses pour mieux les comprendre. Depuis, j'ai gagné en confiance en moi, simplement parce que j'ai mieux compris ce qui se passait à la maison dans nos relations parents/enfants.

Vie de couple

L'utilité de l'ennéagramme dans la vie de couple est évidente. Combien de fois est-on encore blessé par le comportement du conjoint, après plus de dix ans de vie commune ? Certaines réactions demeurent incompréhensibles, voire agressives.
L'ennéagramme permet de comprendre la motivation inconsciente à l'origine de ces réactions. Et quand on comprend pourquoi l'autre fonctionne comme cela, on accepte mieux son fonctionnement, même s'il reste très différent du nôtre.

> ***Véronique, mariée depuis douze ans, deux enfants***
> Après le premier stage, je me suis découverte en base 1. Cela a été à la fois un choc et une révélation de constater combien certains modes de fonctionnement étaient différents du mien. Cela m'a aussi apaisée, j'ai ainsi pu lâcher un peu plus ma spontanéité, trop bridée jusque là.
> Au deuxième module, j'ai découvert que mon mari était de base 5. Là encore, grand soulagement. Je considérais qu'il ne m'aimait plus depuis longtemps, puisqu'il se barricadait dans son atelier presque tout le temps qu'il passait à la maison. Je me sentais délaissée et mal aimée.
> Quand j'ai pu, dans les stages de la tradition orale, rencontrer des personnes de son profil 5 et leur demander conseil, j'ai été stupéfaite des conseils que j'ai reçus.
> Premier conseil : lui proposer d'avoir sa propre chambre, afin que, physiquement, il puisse avoir un espace à lui. Deuxième conseil : libérer le salon de la présence des enfants un soir sur deux pour qu'il puisse profiter de cet espace. Troisième conseil : ne pas vouloir à tout prix converser avec lui quand nous sommes dans la même pièce.
> Inutile de dire que je n'aurais jamais pensé à ça toute seule, vu le conformisme de mon type. Au point où en était notre vie de couple, j'ai osé appliquer ces conseils. Le croiriez-vous ? Depuis que j'ai pu lui prouver que je respectais son

> intimité, le dialogue est renoué et j'ai même droit à de petites attentions gentilles : bouquets de fleurs et sorties au restaurant. Il revient même plus tôt le soir de son travail. Quand je pense qu'il y a un an, je pensais au divorce…

Développement personnel

C'est la première application de l'ennéagramme. Mieux se connaître pour pouvoir mieux s'accepter, devenir moins excessif dans son comportement, moins réactif dans son schéma automatique. Et prendre le temps de choisir les bonnes techniques de développement personnel en fonction de son type et de l'aide d'un professionnel. Se remettre en question. Revaloriser les autres facettes de soi-même que l'on a ignorées pendant si longtemps. Prendre le temps de s'observer, de faire le point, pour déceler à quels moments je me décentre, je me focalise sur mon petit point de vue, au lieu de voir la réalité telle qu'elle est.

L'ennéagramme est précieux parce qu'avec un minimum d'observation de soi, il est immédiatement utile dans le développement personnel.

Une majorité de participants en stage estime qu'il provoque une prise de conscience si forte qu'il y aura, pour eux, dans leur vie, un « avant » et un « après » le stage. Un des objectifs principaux de l'ennéagramme est d'augmenter la compréhension de soi-même et des autres. Plus la capacité à s'auto-observer se développe, plus nous pouvons constater combien nous sommes figés dans nos pensées, sentiments et sensations.

Conseil pratique

Demandez à votre ami(e) : « Quelles sont les valeurs qui donnent du sens à ta vie ? Qu'est-ce que tu aimes le plus dans la vie ? Qu'est-ce qui t'agace le plus ? Pourquoi ? »

Comparez avec vos propres réponses.
Allez voir à quels profils correspondent ces réponses.
Lisez le chapitre correspondant au profil de votre ami(e). Et demandez lui : « Que voudrais-tu que je change dans notre relation ? »

Stratégies de développement personnel

Type 1

- observer qu'il existe plusieurs façons de faire, poser un regard de bienveillance sur soi et sur les autres ;
- savoir que l'erreur fait partie de tout apprentissage : « je n'apprendrais jamais à skier s'il m'est interdit de tomber ! ».

Type 2

- s'apprécier soi-même indépendamment de l'avis des autres ;
- apprendre à servir les autres gratuitement, de façon désintéressée.

Type 3

- s'efforcer de parler de soi de manière authentique, sincère (« J'ai telles qualités mais aussi telles limites ») ;
- respecter les vaincus autant que les vainqueurs.

Type 4

- profiter autant de ce qui est là que de ce qui manque ;
- limiter son désir de ne vivre que des moments exceptionnels.

Type 5

- développer les sensations ;
- apprendre à exprimer ses émotions.

Type 6

- oser passer à l'acte sans maîtriser toutes les données ;
- apprendre à se faire confiance.

Type 7

– s'efforcer de finir ce que l'on a commencé;
– ne faire qu'une seule chose à fois, goûter l'instant présent.

Type 8

– oser utiliser la douceur autant que la force;
– apprendre la tempérance.

Type 9

– oser affirmer son point de vue plus souvent;
– accepter d'avoir à faire des choix.

Développement spirituel

Précautions

La nature humaine est à la fois simple et complexe. Quand nous rions au cinéma, c'est, le plus souvent, parce que la situation évoquée nous rappelle fortement notre quotidien. L'inconvénient de l'ennéagramme, c'est qu'il marche très bien. Entre de bonnes mains, pas de problème. Mais il est prudent de savoir rester humble avec cet outil puissant.

Par exemple, un livre ne suffira pas à percevoir les émotions des différents profils. Aussi, le meilleur enseignement possible de l'ennéagramme se déroule en présence de personnes qui connaissent leur type dominant, capables de témoigner de leur comportement.

La tradition orale favorise cette expression vivante. Ce qui pourrait vous arriver de pire à la fin de la lecture de ce livre serait d'estimer avoir « tout compris » de l'ennéagramme.

L'ennéagramme offre une structure et une direction à la question : « Qui suis-je ? » Mais même si le modèle est bon, il demande à être enrichi par de nombreux témoignages vivants.

L'observateur intérieur

Aucune forme de développement spirituel ne peut se faire sans l'effort et la volonté de repérer ses conditionnements, c'est-à-dire où et quand nous réagissons en automatique. L'observateur intérieur, c'est une conscience distincte qui existe en permanence en parallèle au comportement automatique de notre type. Il nous permet de nous distancier de notre réactivité compulsive pour prendre du recul, pour évaluer si notre réaction est bien la réponse la plus adaptée à la situation présente. L'observateur intérieur est séparé de nos pensées, sentiments et sensations ordinaires. Il peut remarquer où se dirige notre attention. C'est lui qui, par moments, nous dit où nous en sommes : « *Tu penses à autre chose, tu n'es plus présent à ce que tu fais, il serait peut-être temps de t'arrêter de travailler.* » La seconde d'avant, notre attention dérivait. L'observateur intérieur, détaché du fil de nos pensées, a pu, de son point de vue neutre, constater que nous n'étions plus présents à nous-mêmes. Par ce rappel à nous-mêmes, il nous rend libres de choisir entre ramener notre conscience dans l'ici et maintenant ou la laisser focalisée dans les préoccupations habituelles de notre type.

Dépasser les automatismes avec l'ennéagramme

Dans l'ennéagramme, le type est vu comme un agent de changement, grâce auquel la conscience ordinaire va évoluer. Comme le dit Helen Palmer dans un article paru dans la revue Gnôsis en 1994 : « *Il offre trois avantages :*

- *avec une bonne observation de soi, il est immédiatement utile ;*
- *il s'applique aux situations du quotidien ;*
- *il est basé sur les travers principaux de la nature humaine (sept, huit ou neuf), que l'on retrouve dans de nombreuses traditions et cultures, tant au niveau spirituel que philosophique.*

Il est immédiatement accessible parce qu'il traite de la préoccupation centrale du type, la nomme et offre des voies d'observation de soi permettant de voir à quel point la passion a infiltré votre vie. Il a donc une valeur instantanée parce que si vous savez ce que vous cherchez, vous pouvez, avec un enseignement relativement bref, en apprendre long sur vous-mêmes. »

De la connaissance du type à l'élargissement de la conscience

Ce genre d'expérience est difficile à décrire avec des mots : il s'agit surtout d'un vécu intérieur. Nous revenons là à la notion des trois centres de perception. Avec de l'entraînement, il devient possible de focaliser ses énergies sur l'un ou l'autre de ces trois centres.

> Le type Sept, l'épicurien, a peur de l'enfermement. Dans une telle situation, il va se focaliser dans son imagination pour chercher des échappatoires et retrouver sa liberté. Après être passé par la reconnaissance de son type dominant et un travail d'auto-observation pour constater à quel point il est perpétuellement dans le souci de multiplier les options, le travail de développement passe par une phase de reconstruction énergétique. La vertu du Sept, la sobriété, représente la capacité à dépasser le réflexe de fuite pour s'ancrer énergétiquement dans son corps au moment où la peur de l'enfermement cherche à submerger le système. En se branchant sur l'intelligence naturelle du centre instinctif au lieu de se laisser déborder mentalement et émotionnellement, le Sept peut alors utiliser sa peur comme un moyen, comme un carburant, pour mobiliser son centre instinctif et poursuivre ce qu'il était en train de faire.

Il s'agit donc de dépasser le premier réflexe conditionné et agir au plus juste de la situation en dépassant la peur de son type.

On retrouve cette démarche dans le Programme de Formation Professionnelle à l'ennéagramme[1].

Synthèse

L'ennéagramme décrit un système de neuf comportements à partir desquels se développe la personnalité de chacun. Ce sont neuf visions du monde, neuf réalités séparées qui engendrent des valeurs et des qualités différentes.
Chacune de ces fixations correspond à une habitude répétitive et à un mode d'attention. En prenant conscience de notre fonctionnement préféré, nous découvrons la perspective de notre point de vue sur le monde, et en quoi elle diffère de celle des autres.
Nous percevons en quoi leur *voyage*, leur vécu est différent. Nous commençons à comprendre leur point de vue.

1. Voir www.enneagramme.net.

L'ennéagramme : précautions d'emploi et code d'éthique

Précautions d'emploi

Une fois que vous avez déterminé votre position et celle de vos proches sur l'ennéagramme, vous pouvez avoir la tentation de typer tous ceux que vous rencontrez.

Ce serait oublier que la première application de cet outil est une remise en question de soi-même. Travailler autour de la question : « En quoi suis-je excessif ? ».

Pour éviter certaines dérives, l'International Enneagram Association (IEA), qui rassemble de nombreux enseignants du monde entier, a créé un code d'éthique, afin de donner l'esprit dans lequel devrait s'utiliser l'ennéagramme dans la vie quotidienne.

Les principales idées de ce code sont les suivantes :

- l'ennéagramme est, avant tout, un instrument de connaissance de soi et de développement personnel. Être conscient de nos motivations et de notre comportement nous aide à ne pas retomber dans le travers principal de notre type. La transformation nécessite le courage d'agir contre la structure et les habitudes de notre personnalité.
- nous pouvons être une source d'information pour nous aider mutuellement. La théorie du système est bien moins importante que de garder la communication ouverte.
- il est essentiel de laisser chacun découvrir son type, à son rythme.

- le type ne décrit pas entièrement qui que ce soit. Chacun de nous a une histoire, des qualités qui lui sont propres.
- l'ennéagramme est aussi un outil de compassion. En comprenant les intentions et la logique des autres types, il est probable que nous serons de moins en moins tentés de les juger ou de les critiquer.
- l'ennéagramme est en train de se développer. Beaucoup ont contribué au système, et beaucoup y contribueront. Maintenez une atmosphère d'ouverture, citez vos sources et partagez l'information.
- personne ne « possède » l'ennéagramme. Restreindre son expansion est contraire à son esprit de libération de l'être.

Comment débuter

Chacun peut débuter quand bon lui semble. La plupart des gens ouvrent un livre, vont consulter les sites Web et, souvent, font le choix de s'inscrire à un stage.

Rien ne pourra remplacer la rencontre avec des personnes vivantes ayant déjà identifié leur dominante. Discuter avec elles permet vraiment de comprendre le fonctionnement intérieur de chaque profil.

L'ennéagramme devrait toujours se propager de cette façon, c'est le moyen le plus sécurisant d'éviter les dérives.

Choisir un formateur

Questions à vous poser avant de vous inscrire à une formation :

- Le formateur a-t-il un parcours de développement personnel, comprenant d'autres remises en question que celle de l'ennéagramme ?
- Le formateur s'est-il formé ? À titre de comparaison, la plupart des animateurs en PNL ont au moins 60 jours de formation. Il est rare de trouver des animateurs ennéagramme

qui en aient autant, alors que la complexité de l'outil est au moins aussi grande. Vous trouverez même, en France, des autodidactes qui n'ont pas de formation et se considèrent « au-dessus des écoles » !

- Le formateur connaît-il et respecte-t-il la charte ci-dessus ?
- Le formateur a-t-il une solide connaissance des sous-types ? C'est une condition essentielle pour offrir une vision complète des différents profils.
- Le formateur est-il supervisé ?

La tradition orale

Choisir un animateur formé à la tradition orale permet de garantir tous ces critères, notamment une solide formation sur les sous-types.

De plus, en écoutant les représentants de chaque type décrire leur réalité quotidienne et révéler leur monde intérieur, vous pouvez percevoir les différences entre les types à partir d'une expérience directe, et non de la bouche d'un professeur qui fait un cours.

La tradition orale favorise une exploration complète de chaque profil. La méthode des panels va mettre en valeur les représentants de chaque profil avec sa blessure, ses difficultés, ses dilemmes, ses points forts et les différentes étapes de développement.

Un de ses atouts consiste à pouvoir poser vos questions sur vos proches directement aux représentants du profil concerné. S'il s'agit de votre conjoint, ce seront les représentants de son type qui répondront à vos questions et non « un professeur qui sait tout ».

Par ailleurs, cette méthode d'enseignement favorise l'apprentissage visuel et le contact direct avec la personne. C'est vivant, ludique et interactif. Tout sauf un cours magistral !

De même, pour ceux qui voudraient utiliser cet outil pour leur développement personnel, la tradition orale propose de partager avec les représentants de son profil les techniques de développement qui marchent et celles qui ne marchent pas, plutôt que de demander à un « professeur qui fait autorité ».

L'animateur selon la tradition orale ne prétend pas détenir la vérité, il vous propose de la découvrir par vous-même. L'inconvénient, c'est qu'il risque de vous renvoyer à vous-même ou à d'autres plutôt que de répondre directement à vos questions.

Pratiquement, le formateur va être vigilant à deux niveaux :

1. Présenter les types avec d'autres critères que l'apparence extérieure.

> Avec le profil Huit, il serait facile de prétendre qu'ils sont tous costauds puisqu'ils privilégient la force. Ou qu'ils ont tous une grosse voix pour cette même raison. Ce serait entrer dans des stéréotypes faciles mais erronés. Le type se révèle dans les motivations intérieures de la personne. C'est-à-dire que si tous les profils Huit partagent une forte réactivité instinctive face à l'injustice, leur apparence extérieure varie. Vous n'avez pas idée du nombre de femmes minces et menues correspondant à ce profil !

2. Être clair sur son rôle d'accompagnateur. Le but, c'est de proposer au participant de commencer à observer sa réactivité et déceler où et quand elle est excessive. Dans cette démarche, le type est secondaire. Trouver sa base est évidemment une plus-value, mais si le participant venait à se tromper, qui suis-je pour savoir mieux que lui qui il est ? De plus, c'est la recherche du Soi qui importe, pas le numéro du type. Ultimement, l'animateur a pour vocation d'offrir des points de repère, aider les participants à utiliser le système, les orienter, leur proposer des pistes mais certainement pas pour décider à leur place de leur positionnement.

Comment approfondir

Modules à thème

Il n'y a pas de règle. Certains sont contents d'avoir trouvé des repères pour mieux se connaître.
D'autres ont pu résoudre des blocages au niveau de la vie de couple et de l'éducation des enfants.
Pour ceux qui sont sur un chemin de développement personnel, des stages à thème existent, comme « La dynamique relationnelle » ou « Mieux gérer ses émotions ».

Différencier les profils

Néanmoins, nous ne saurions insister assez sur la nécessité de creuser les subtilités des neuf profils.
L'ennéagramme n'est pas aussi simple que nous avons pu vous le laisser croire dans cette première présentation. Il faudra donc nécessairement passer du temps à approfondir les ressemblances et les différences entre certains profils.

> Par exemple, le type Trois et le type Sept vont se ressembler sur plusieurs points :
> Ces deux profils ont en commun d'être tous les deux optimistes, dynamiques, en mouvement, séducteurs, rapides dans l'exécution. Donc, tant que vous vous arrêtez à l'apparence extérieure de quelqu'un de sympa et d'actif, pas facile de les différencier.
> En approfondissant, il va devenir possible de découvrir que ce qui intéresse fondamentalement le profil Sept, c'est le plaisir qu'il prend à ce qu'il fait et qu'il est souvent capable d'arrêter un projet avant son terme parce qu'il n'y trouve plus de plaisir. Il y aura donc, dans la majorité des cas, plus de constance chez le Trois que chez le Sept. De plus, la peur du Sept d'être enfermé lui donnera envie de garder plusieurs options ouvertes pour atteindre un résultat, plutôt que de foncer droit devant avec l'option a priori la plus efficace.

Approfondir les sous-types

La plupart des gens qui ne connaissent pas les sous-types estiment que la plupart de nos dirigeants politiques sont de base Trois, notamment les candidats à l'élection présidentielle. Les arguments avancés sont qu'ils ont envie de plaire et qu'ils ont soif de réussite.

En fait, les sous-types permettent de découvrir qu'ils sont presque tous du sous-type social et que l'expression extérieure de ce sous-type peut camoufler les caractéristiques de leur type.

> Le Six sous-type social est très focalisé sur le respect de la mission de chacun au sein du groupe. Il appelle cela « avoir le sens du devoir ». Son souci de clarté, sa vigilance à respecter les règles et son sens des responsabilités vont lui donner l'apparence d'un profil Un.
>
> Le Quatre sous-type survie va être, le plus souvent, quelqu'un d'extrêmement travailleur, qui va aimer prendre des risques pour réussir. Jusque là, la ressemblance avec le profil Trois est trompeuse. S'il creuse ses motivations, le Quatre va finir par découvrir que ce qui le motive, ce n'est pas la réussite pour la réussite, c'est de se mettre en danger, en situation intrépide, par exemple en multipliant les emprunts sans être vraiment sûr de pouvoir les rembourser. Cela fait monter son adrénaline et c'est là sa véritable motivation. Inutile de préciser que cette prise de conscience peut aider le Quatre à trouver d'autres moyens moins dangereux financièrement pour se réaliser.

Faire un travail sur soi

La découverte de l'ennéagramme, de son type, de son sous-type avec toute la richesse que cela comporte peut être la porte d'entrée pour un travail sur soi.

Les personnes rencontrées lors de stage de formation à l'ennéagramme font et/ou ont fait ce travail dans le cadre d'une thérapie analytique, d'une psychothérapie utilisant la Gestalt, la PNL, l'hypnose Ericksonienne…

Témoignage de Marie

Il y a huit ans maintenant que je connais l'ennéagramme. Je l'ai découvert au sein d'une école de praticiens en relation d'aide dans les Landes. Puis, au cours d'une journée « Ennéagramme et Vie Chrétienne », j'ai eu l'occasion de voir concrètement combien cet outil était pertinent pour des communautés religieuses. J'ai ensuite approfondi sur plusieurs années cette découverte par des stages et la formation professionnelle au sein du Centre d'Études de l'Ennéagramme.

J'avoue qu'au début de ma découverte de l'ennéagramme, j'ai utilisé cet outil pour définir les personnes que je côtoyais. Cela, d'après les apparences extérieures bien sûr. Je me suis aperçue que ce n'était pas très éthique, qu'il y avait là un enjeu de pouvoir important ! Mais plus que ça, dire de quelqu'un : « Celui-là il est vraiment Trois » n'était pas pertinent. Puisque ce jugement, je le faisais sur des apparences, en faisant fi de la personne elle-même et de sa demande. Pas pertinent surtout parce que l'essentiel n'est pas l'extérieur mais les motivations intérieures de la personne. Et elle, je ne l'avais pas écoutée !

En parallèle de l'étude de l'ennéagramme, j'ai fait un travail sur moi, avec différents thérapeutes dont une psychanalyste puis avec une psychothérapeute formée à la Gestalt. Alors que je connaissais mon type en ennéagramme (Sept), que je me savais concernée par la blessure principale de ce profil : l'enfermement, j'ai découvert que mon histoire avait été fortement marquée par l'abandon, abandon présenté dans la tradition de l'ennéagramme comme la blessure principale du type Quatre. Cela m'a interrogée pendant longtemps. Mais finalement, cela m'a fait cheminer. J'en ai tiré plusieurs conclusions. L'essentiel n'est pas de savoir si je suis 7 ou 4 ou encore d'un autre type. Ce qui est important c'est d'avoir appris à reconnaître telle motivation intérieure, tel excès dans ma vie. Ensuite, la personne humaine est toujours plus grande qu'une description quand bien même nous nous reconnaissons tellement et qu'à sa lecture nous nous écrions : « C'est tellement vrai ! ». Son histoire est complexe et riche.

Quand je regarde mon itinéraire, je dirais que l'ennéagramme était pour moi, au début, un outil formidable, puissant, voire idolâtré. Au fil des années, j'ai découvert l'importance de l'observateur intérieur, l'approfondissement de la connaissance de soi et la compassion envers les autres en particulier lors des panels durant lesquels les personnes s'expriment avec beaucoup d'authenticité et de simplicité.

Caractéristiques de l'ennéagramme

- **Universel :** il fonctionne pour tout être humain, quel que soit son âge, sur les cinq continents.
- **Crédible :** il concerne tous les corps de métier. Il peut être transmis à des équipes dans un cadre professionnel, mais demande un minimum d'implication individuelle.
- **Objectifs :** mieux se connaître. Comprendre l'autre.
- **Dynamique**, il prend en compte : l'évolution possible et les multiples facettes de chacun, l'interrelation entre les types.
- **Facile d'accès :** les bases sont accessibles en quelques jours de stage.

On peut s'en servir immédiatement, même s'il faut du temps pour percevoir toutes les subtilités du système.

Plusieurs niveaux d'applications : outil d'origine spirituelle, il est autant utile pour améliorer sa communication que pour choisir le bon axe de développement personnel.

Conclusion

L'ennéagramme n'a pas fini de se développer. Non seulement pour améliorer la qualité de nos relations, mais surtout parce que les repères qu'il donne permettent aussi de progresser vers davantage de paix intérieure. Il nous propose, en effet, d'unifier les différentes parties de nous-mêmes. Avec pour résultats davantage de présence à soi-même dans l'ici et maintenant, une plus juste présence à l'autre, une plus grande tolérance.

Dans cette typologie à vocation spirituelle, le type est perçu comme un agent de changement grâce auquel la conscience ordinaire va évoluer vers les dimensions de l'être supérieur. Helen Palmer y voit deux avantages : « Le premier, c'est qu'il est immédiatement utile; le deuxième, c'est qu'il s'applique aux situations du quotidien. Il est immédiatement accessible parce qu'il traite de la préoccupation centrale du type, la nomme et offre des voies d'observation de soi permettant de voir à quel point la passion a infiltré votre vie. Il a donc une valeur instantanée parce que si vous savez ce que vous cherchez, vous pouvez, avec un enseignement relativement bref, en apprendre long sur vous-mêmes. »

Nous espérons que ce livre vous aura donné l'occasion d'en savoir plus et le goût de continuer ce travail sur vous-même.

À chacune et à chacun, nous souhaitons un bon chemin !

Annexes

Bibliographie

Débuter avec des livres complets et faciles d'accès

Éric Salmon, *L'ABC de l'Ennéagramme*, Éditions Grancher, 1997.

Éric Salmon, *La Clé de l'Ennéagramme : les sous-types*, InterÉditions, 2007.

David Daniels, *Trouver rapidement son profil ennéagramme et savoir qu'en faire*, InterEditions, 2005.

Approfondir avec des livres dans l'esprit de la tradition orale

Helen Palmer, *L'Ennéagramme en amour et au travail*, Éditions de l'Homme, 1996.

Helen Palmer, *L'Ennéagramme, pour mieux se connaître*, Éditions Vivez Soleil, 1995.

Helen Palmer, *Le Guide de l'Ennéagramme,* InterEditions, 2009.

Richard Rohr, *Les Neuf visages de l'âme*, Editions Trédaniel, 1997.

Sandra Maitri, *Les Neuf visages de l'âme,* Editions Payot, 2004.

Mary Horsley, *L'Ennéagramme au service de l'esprit,* Éditions Vega, 2006.

Ouvrages spécialisés et plus denses

Pierre Longin, *L'Ennéagramme, pour naître à soi-même*, InterEditions, 2005.

Helen Palmer, *La Force de l'ennéagramme,* InterEditions, 2005 (sur les Ressources Humaines).

Pascal Ide, *Les Neuf Portes de l'Âme*, Editions Fayard, 1999.

Anne Linden, *Ennéagramme et PNL*, Dunod, 2003.

Renske van Berkel, *Coacher avec l'ennéagramme*, InterEditions, 2005.

Adresses utiles

Accompagnement individuel avec l'Ennéagramme

Laurence Daniélou, Paris, Versailles
Tél : 06 73 51 16 30

Olivia Varin-Bernier, Paris
Tél : 06 99 33 06 04

Formations Ennéagramme

France

Centre d'Etudes de l'Ennéagramme,
11, rue Jacques Dulud, 92200 Neuilly
Tél : 01 46 43 06 92
www.cee-enneagramme.eu

Belgique

Michel Van den Borne
michel.vandenborne@skynet.be

Luxembourg

Robert Massol & Véronique Winum
www.enneagramme.lu

Autres

www.enneagramworldwide.com
www.enneagram.com

Remerciements

Nous remercions chaleureusement Jean-Christophe Moreau pour ses illustrations, les personnes qui ont eu la gentillesse de relire notre ouvrage, celles qui nous ont encouragées et soutenues dans ce projet.
Un immense merci également pour Hélène Palmer, David Daniels, Peter O'Hanrahan pour la formation de qualité reçue et tout particulièrement pour la pédagogie de la tradition orale qu'ils ont transmise.
Enfin, notre gratitude va à toutes les personnes que nous avons rencontrées lors de stages, et dont les témoignages demeurent pour nous la meilleure illustration de l'ennéagramme.

901128 - (II) - (0,8) - OSB 90° - PCA - JME

Dépôt légal : janvier 2011 - Suite du tirage : mai 2013

Achevé d'imprimer par la Nouvelle Imprimerie Laballery
58500 Clamecy
N° d'impression : 304297

Imprimé en France

La Nouvelle Imprimerie Laballery est titulaire de la marque Imprim'Vert®

S'initier **rapidement** mais de manière **complète et progressive** à une technique de développement personnel, une méthode ou un outil utilisé en psychologie est aujourd'hui possible grâce à la collection **DÉCOUVRIR**. Laissez-vous guider par des **auteurs experts** et maîtrisez les fondamentaux de techniques qui ont fait leurs preuves !

Laurent Buratti , Vincent Lenhardt

9782100502127

Jérôme Lefeuvre

9782100507467

Antoine Bioy

9782100504800

Antoni Girod

9782100510276

Laurence Danielou , Eric Salmon

9782100505975

www.intereditions.com

InterEditions